선장 김인현 교수의

해운산업 깊이읽기 V

김 인 현

法 文 社

서 문

2019년과 2020년 일본 동경대학에서 연구를 하면서 많은 것을 느꼈다. 일본에서는 해운, 조선, 수산 등에 대한 단행본이 꾸준하게 나온다는 것이었다. 귀국하자 나는 저술에 들어갔다. 그동안 발표했던 칼럼을 모아서 책자로 만드는 작업을 시작했다. 제1권, 제2권, 제3권 그리고 제4권이 2년 전 2023년에 나왔다.

이제 2023년 후반에서 2025년 전반기까지 작성한 해운, 조선, 물류, 수산과 관련된 칼럼을 "선장 김인현 교수의 해운산업 깊이읽기 V"라는 이름으로 다시 펴낸다.

칼럼의 내용은 혼재되어 있다. 대우조선해양이 한화오션에 매각된 칼럼이 나온다. 탈탄소화와 겹치면서 조선업은 호황국면임에는 틀림없다. 북극항로의 개척과 같은 미래형 주제도 있다. 코로나19 시기에 수입을 많이 올린 해운계의 안정적인 산업도약을 위한 제언도 들어 있다. 무엇보다 큰 숙제는 인력의 문제이다. 어떻게 우수한 인력을 우리 해운조선수산업에 끌고 오는가이다. 이런 관점에서 글로컬 대학 30에 선정되기 위한 요건이라는 칼럼은 의미가 있다.

매번 반복되는 어려움이 있어서는 아니 된다. 동해안에서 쿼터가 넘어서서 참치를 버리는 사태가 반복해서 일어났다. 복원성 부족으로 세월호 시고 이후에도 선박이 계속 넘어지는 사태가 발생하는 것과 유사하다. 바다에서 반복되어 불행한 일이 빌생히지 않도록 해야 한다. 결국은 예측가능성을 부여하는 것이다. 해양산업이 예측가능성을 많이 부여하면 할수록 해양산업은 품격 있고 젊은이들이 더 많이 찾는 지속가능한 산업이 될 것이다.

제5권도 독자들에게 큰 도움이 되길 바란다.

본서를 위해서 추천의 글을 써주신 정필수 박사님, 신언수 회장님, 유창근 사장께 감사드린다. 칼럼을 모아주고 교정을 보아준 김선규 연구원, 나성호 연구원 그리고 최선우 연구원에게도 감사를 표한다.

2025. 10.

필자 김 인 현

발간을 축하하며

어둡고 험한 바다를 항해하다 육지에 접근하면 제일 먼저 반겨주는 것이 등대입니다. 거칠고 험한 항해를 안전하게 마치도록 무언의 불빛으로 환영해 주는 등대는 희망의 상징이고 안전 항해의 길잡이가 됩니다. 영국 스코틀랜드에 스카이섬이라는 관광지가 있는데 이 섬의 서쪽 끝을 지키고 있는 등대를 오래 지켜본 적이 있습니다. 등대가 서 있는 위치를 보면 거친 암초나 육지의 끝부분에 있습니다. 절대로 배가 접근해서는 안 되는 위치에 있는 것이지요. 그 등대는 이곳에 암초가 많고 절벽이 있으니 피해 가라고 말해주고 있는 것입니다. 즉 자신을 이정표로 삼아 피하고 안전한 항로를 만들라는 불빛이지요.

넓고 다양한 모양으로 발전하고 있는 해양 관련 산업을 포용하며 급격한 기술 발전을 이루고 있는 최신 동향을 섭렵하여 바람직한 방향으로 발전하도록 등대 임무를 수행하고 계시는 김인현 교수의 바다 사랑 궤적이 또 한 권의 책으로 정리되어 우리 곁을 찾아오고 있습니다. 마치 긴 어려운 항해를 마치고 귀향하는 뱃길을 안내하는 등대같이 우리가 가야 할 미래바다로의 항해를 앞서 지켜주고 이끄시는 선장의 역할을 세심하게 수행하시는 교수님의 이끄심에 깊은 찬사를 보냅니다.

지난 2년 동안에 발표한 칼럼의 내용은 다양한 장르를 포함하고 있습니다. 대우조선해양이 한화오션에 매각된 칼럼에서는 호황국면을 맞고 있는 조선업의 밝은 전망을 보여주었고, 해양정책 장기 비전으로 제시된 북극항로의 개척과 같은 미래형 주제도 국제해양법 측면에서 검토하고 있어 귀를 기울이게 합니다. 해운업의 중장기 전망도 곁들여 글로벌 공급망의 발전에서 핵심 역할을 하는 한국 해운업의 안정적인 도약을 위한 제언도 들어있습니다. 우리나라가 당면하고 있는 큰 문제이기도 하고 해양 관련 산업에 심각한 전문인력의 양성에 대한 우려가 비중 있게 다뤄지고 있습니다. 이런 관점에서 글로컬 대학 30에 선정되기 위한 요건이라는 칼럼은 의미 있게 읽힙니다.

수산업 분야에도 전문가 시각으로 대안을 제시하고 있습니다. 동해안에서 쿼터가 넘어서서 잡은 참치를 버리는 참변이 반복되는 것은 복원성 부족으로 세월호 사고 이후에도 선박이 계속 넘어지는 사태와 유사하다고 보고 있습니다. 바다에서 반복되는 불행한 일이 발생하지 않도록 예측가능성을 높이고 전망이 밝아진다면 해양산업은 품격 있고 젊은이들이 더 많이 찾는 지속가능한 산업이 될 것이라는 결론에 동감합니다.

김인현 선장의 “해운산업 깊이읽기 V”의 발간을 축하합니다.

2025. 10.

한국종합물류연구원장

정 필 수

추 천 사

김인현 교수의 「해운산업 깊이읽기 V」 초고를 읽고

학문은 머리로만 존재할 수 없습니다. 현장은 손발로만 설명되지 않습니다. 진정한 지혜는 학문과 현장의 만남 속에서 피어납니다.

김인현 교수님의 연구와 저술은 바로 그 지점에서 빛납니다. 그는 해운산업을 단순한 이론으로 다루지 않았습니다. 치열한 연구 속에서도 늘 바다의 파도 소리를 들었고, 현장의 숨결을 글 속에 담아냈습니다. 그 정열은 성경 아가서 8장 6절이 말하는 "샬헤베트야, 꺼지지 않는 주님의 불길"과도 같습니다. 꺼지지 않는 불꽃처럼, 김 교수님의 열정은 학문을 넘어 산업의 깊은 뿌리까지 비추고 있습니다.

조선과 해운, 금융과 무역, 그리고 정책의 얽힘을 그는 단순히 해설하지 않았습니다. 격물치지(格物致知)의 정신으로 사물의 이치를 끝까지 탐구하고, 그것을 현실 세계 속에서 검증했습니다. 그의 글은 지식의 저장이 아니라 지혜의 실천이며, 현장을 살게 하는 학문입니다.

저 또한 조선해양산업과 해운산업을 몸으로 겪으며 살아온 한 사람으로서, 김인현 교수님의 글에서 깊은 공명을 느낍니다. 책장을 덮고 나면 독자는 단순히 지식을 얻는 데 그치지 않고, 현장의 진실을 마주하며 새로운 길을 찾게 될 것입니다.

그러므로 이번 「해운산업 깊이읽기 V」는 단순한 칼럼집이 아니라, 학문과 현실, 이성과 정열이 함께 타오르는 불꽃입니다. 저는 이 귀한 작업을 기꺼이 추천합니다.

2025년 가을

대우세계경영연구회 부회장

신 언 수 드림

추 천 사

김인현 교수님의 연구와 저술을 읽으면 교수님이 태어나 자란 동해 바다를 생각나게 합니다. 깊은 바닷속에서 한류와 난류가 만나 풍요로운 어장을 형성하듯 학문과 선장으로서의 현장 경험이 만나 무궁한 이야기를 만들어 내고 그 속에서 교수님은 지치지 않는 고래의 열정으로 조선, 해운, 수산, 금융에 이르기까지 섭렵하고 있습니다.

교수님의 글은 광범위함에 그치지 않고 법률적, 제도적, 교육적 지혜를 아우르는 동해 바다와 같은 깊이를 느낍니다. 논문 인용 성과와 끊이지 않는 외국 대학에서의 강의초빙은 교수님의 대내외적인 명성을 반영한다 하겠습니다.

이렇듯 이번 「해운산업 깊이읽기 V」는 독자로 하여금 바다와 관련된 산업을 날줄과 씨줄의 관점에 따라 볼 수 있도록 도와주며 특히 젊은 독자들에게 큰 그림을 그리고 큰 꿈을 가질 수 있도록 희망을 주는 저서로 추천합니다.

2025. 12.
HMM 고문
유 창 근 드림

차 례

제1부 일 반

제1장 고려대 해상법연구센터 개원 10주년과 발전방향 3
제2장 EU의 정기선사공동행위에 대한 경쟁법적용 면제규정 폐지의 의미와 대책 13
제3장 글로컬 대학 선정을 위한 해양대학의 나아갈 방향 25
제4장 나의 해상법 30년 35
제5장 화공 300회 기념 모임 다녀와서 43
제6장 공정위 과징금 부과처분 취소한 고법판결과 후속조치 46

제2부 해운 물류

제1장 글로벌 해사물류인력 고도화 및 선진화 전략 59
제2장 항만공사 사장이 법정구속된 산업안전보건법 사건 70
제3장 해운업계가 해야 할 일들: 현안 잘 처리해 세계 일류 되자 ... 76
제4장 HMM 매각 불발: 한국 원양 정기선사의 새로운 도약을 꿈꾸며 89
제5장 HMM 재매각 서두르면 안 되는 이유 100
제6장 내항 해기사 양성과정 정부지원해야 103
제7장 미국 볼티모어 교량 붕괴사고에서 손해배상의 문제 106

제8장 달리호 사고가 우리에게 주는 시사점과 영향 ······ 113
제9장 AI를 활용할 시 선박운항자의 손해배상책임 ······ 125
제10장 물류대란 원인, 외국 선사의존도 ······ 132
제11장 정통 크루즈 산업을 육성하자 ······ 135
제12장 선박등록제도, 변화가 필요하다 ······ 139
제13장 지정학적 · 법적 관점에서의 북극항로 현황과 미래전망 ······ 143
제14장 쇄빙기능 우리 선박으로 북극항로 상용화하자 ······ 155
제15장 해양인력 양성, 미국을 배우자 ······ 158

제3부 조 선

제1장 한화의 대우조선 인수가 HMM 매각에 주는 교훈 ······ 163
제2장 바다 위의 테슬라, 자율운항선박으로 해양 경쟁력 강화 ······ 174
제3장 부울경을 세계 최고 해양선박 금융도시로 ······ 177
제4장 미국이 제공하는 조선해운의 새 먹거리 ······ 180
제5장 2025년 해운 · 조선산업의 기회와 도전 ······ 183
제6장 미국발 변화와 한국 해운조선업계 대응 ······ 186

제4부 수 산

제1장 복원성과 흘수선제도 확립해 어선사고 방지해야 ······ 191
제2장 어선 전복 사고 원인은 '복원성': 길이 12m 이상은 승인제로 바꿔야 ······ 195
제3장 우리에 허용된 참치 쿼터, 국제기구에서 조속히 처리하자 ······ 198

제5부 기타 인터뷰 기사 등

제1장 안식처 ··· 203
제2장 바닷길 ··· 206
제3장 다양한 크루즈 여행 ··· 209
제4장 수에즈 · 파나마 운하 ··· 212
제5장 수출 역군 컨테이너 ··· 215
제6장 바다로 나가 국부 창출을 ··· 218
제7장 바다와 예측가능성 ··· 221
제8장 [장보고 후예를 찾아서] 해상법 지키고 저변 확대하는 교두보 ··· 224

제 1 부

일 반

1. 고려대 해상법연구센터 개원 10주년과 발전방향 / (한국해운신문, 2023.9.28.)
2. EU의 정기선사공동행위에 대한 경쟁법적용 면제규정 폐지의 의미와 대책 / (한국해운신문, 2023.11.5.)
3. 글로컬 대학 선정을 위한 해양대학의 나아갈 방향 / (한국해운신문, 2024.1.8.)
4. 나의 해상법 30년 / (한국해운신문, 2024.9.9.)
5. 화공 300회 기념 모임 다녀와서 / (매일신문, 2024.9.26.)
6. 공정위 과징금 부과처분 취소한 고법판결과 후속조치 / (한국해운신문, 2024.10.11.)

제 1 장

고려대 해상법연구센터 개원 10주년과 발전방향*

지난 9월 1일 안암동 고려대에서 100여 명의 내외귀빈이 모여 고려대 해상법연구센터의 개원 10주년을 축하하고 앞으로 나아갈 방향에 대해 논의하는 시간을 가졌다. 고려대는 우리나라 서울에서는 유일하게 해상법 강좌가 개설되는 학교이다. 또한 해상법연구센터를 통해 해상법 연구소식을 정기적으로 발간하며 업계의 현안에 대응하는 유일한 우리나라 대학이다.

국제해양법재판소의 재판소장을 지낸 박춘호 교수와 IMO 법률위원회 위원장을 지낸 채이식 교수 그리고 현재 해양수산부 정책자문위원장을 맡고 있는 선장 출신 김인현 교수가 학맥을 이어오고 있기 때문에 고려대 해상법의 무게감은 상당하다. 정년퇴직을 얼마 앞두지 않은 김인현 교수의 뒤를 누가 이어갈지 학계와 업계에서도 관심이 높다. 50년간 이어져 온 해상법의 학맥을 이어가야 한다는

* 한국해운신문, 2023.9.28.

목소리가 높은 시점이다. 이에 본지는 김인현 교수로부터 해상법에 대한 기고를 받아 김인현 칼럼 제99호로 게재한다.

해상법이란

해상법은 좁게는 상법 제5편 해상을 말한다. 해상기업이 운송업과 용선업을 하면서 발생하는 법률관계를 다루는 상법의 일부분이다. 여기에는 상법 제5편뿐만 아니라 상법 제4편의 해상보험법, 유류오염손해배상보장법, 선원법, 선박소유자책임제한절차법, 국제선박등록법 등 단행법도 모두 포함된다. 최근에는 바다 관련 법은 모두 해상법 안에 포섭하여 생각하는 경향이 있다. 그리하여 국제거래법, 선박건조법, 선박금융법, 해사도산법, 해사경쟁법, 해양과학법 그리고 수산업법도 이에 포함시켜서 연구한다.

해법 혹은 해상법은 크게 나누어보면 해사공법과 해사사법이 있다. 해사공법(公法)은 국가기관인 해양수산부와 어민, 해기사 등의 관계를 다루는 법이다. 선박안전법, 선박법, 선원법, 해운법 등이 이에 포함된다. 해사사법(私法)은 해상기업과 기업 혹은 해상기업과 일반인들 사이의 법률관계를 다루는 법이다. 해상법, 해상보험법, 선박건조법, 선박금융법 등이 대표적이다. 전통적으로 한국해양대학은 선박을 운항할 학생들에게 해사공법을 주로 학생들에게 교수해왔다. 해사사법은 서울대, 고려대, 연세대, 성균관대, 한국외국어대, 경희대 등의 일반 대학의 법대에서 강의가 이루어졌다. 전자의 교수들은 부산을 중심으로 해사법학회를 만들어 활동해왔고 후자의 교수들은 서울을 중심으로 한국해법학회를 중심으로 활동하고 있다. 60명 정도의 해상변호사들은 주로 후자인 해사사법의 일을 하고 있다.

고려대 해상법

고려대 해상법은 일반대학의 법과대학을 대표하는 학교로서 해사사법인 해상법, 해상보험법, 선박건조금융법 등을 강의하는 연구하는 학교이다. 1명의 전임교수(김인현)와 1명의 명예교수(채이식) 그리고 2명의 겸임교수(정병석 김&장 변호사, 정우영 광장 변호사)가 있다. 해사공법은 기본법이 아니기 때문에 대학원 과정에서 개설될 뿐이다. 운송과 관련하여 손해배상의 문제로 화주로부터 손해배상 청구를 받아 법원이나 중재원에서 해결하는 경우는 모두 해사사법이 문제된다. 고려대에서는 이런 사건을 처리할 판사, 변호사를 양성하는 일을 주로 한다. 전임교수의 연구분야도 이에 초점을 맞춘다.

해상법은 이와 같이 분쟁해결이라는 첫 번째 목표를 달성하기 위하여 존재한다. 당사자들 사이에 분쟁이 생겼을 때에 해결할 잣대가 필요하다. 그 잣대는 바로 해상법에 나와 있다. 이를 근거로 판사나 중재인은 결론을 내려주는 것이다. 법과대학이나 로스쿨의 강의는 주로 여기에 초점이 맞추어져 왔다. 그런데, 해운회사나 조선소나 물류회사들은 이것보다는 영리활동에서 국가의 도움을 받고 업계끼리 상부상조하면서 외국의 경쟁자들에 대하여 비교우위를 점하고 싶어 한다. 바다산업은 위험성과 대규모 자본이 필요하기 때문에 국가로부터 도움이 필요하다. 우리 해운산업이 유럽국가들에 비하여 후발주자이기 때문에 산업을 촉진시키는 기능이 대단히 중요했다. 이러한 수요에도 불구하고 일반법대의 교수들은 사법 시험과 변호사 시험에서 더 많은 학생들을 합격시키기 위한 것에 초점을 맞추었다. 그래서 업계와 유리되어 상아탑에 머물렀다. 그러나, 선장출신으로 해운산업을 몸소 체험했고 김&장 법률사무소에서 해상사건을 많이 다루면서 필자는 해상법 연구에서 산업을 촉진하는 기능에 더 매진해야 함을 절감했다. 1999년 교수가 된 이래로 여기에 많은 시간과 정열을 쏟고 있다.

산업을 촉진하기 위한 법제도는 해운법에 담겨있고, 또 담아야 하기 때문에 이 법을 잘 활용해야 한다. 칼럼을 통하여 해운산업의 중요성을 알리고 국민적인 지지와 함께 산업을 촉진하는 아이디어를 법제도로 승화시키는 작업을 해왔다. 이제는 해상법의 기능은 분쟁해결에 더하여 산업을 촉진하는 기능까지 포섭되었다고 말할 수 있다.

법조인 양성제도가 2009년부터 크게 변화되었다. 사법연수원이 없어졌기 때문에 로스쿨에서 실무교육을 시켜야 한다. 필자는 2012년 안식학기를 싱가포르 국립대학에 머물면서 현지의 로펌인 라자&탄, 앨런&그랜힐과 자매결연을 맺었다. 평소에 친교가 있는 일본의 오까베&야마구찌 그리고 미국 뉴욕의 블랭크 롬 등 세계 최고의 해상로펌으로 학생들을 실습을 보내왔다. 해상법, 국제해상운송법(영어강의), 해상보험법 그리고 선박충돌법 등 4과목을 개설하여 해마다 5명의 해상법 전공자가 배출된다. 현재 15명의 고려대 해상법 전공변호사가 배출되어 김&장 법률사무소, 태평양, 팬오션 등에서 근무하고 있다. 실무자들 위주로 법학석사와 박사과정에 입학하여 주로 토요일에 수업을 하면서 학위를 취득했다. 20명의 박사가 배출되었다.

필자와 고려대와의 인연

필자는 일본의 산코기센(일명 산코라인) 선장을 마치고 1994년 고려대 일반대학원 법학과 석사과정에 입학하여 채이식 교수(한국 및 영국변호사)를 지도교수로 모시게 되었다. 1995년 9월부터 김&장 법률사무소에 선장으로 초빙되어 해상팀에서 근무를 하게 되었다. 1999년 박사학위를 받고 목포해양대학에 전임강사로 내려갔다. 여기서 8년간 교수생활을 했다. 명문대학인 미국의 텍사스 오스틴에서 법학석사를 마쳤고 귀국후 45세에 다시 고려대 법대에 학사편입 시험에 합격하여 2년간 공부를 더 하면서 법학기초를 튼튼히 했다.

2007년 부산대학교 법과대학의 초빙을 받아 2년간 부산대 법대 교수로 있으면서 로스쿨의 탄생에 일조를 했다. 해기사출신들이 부산대 법대에 입학할 수 있도록 공부할 수 있는 기틀을 잡아주었다. 학생들이 도선사협회의 장학금을 제공받을 수 있도록 도선사협회의 윤석배 상무와 필자가 주도적으로 노력했다.

2009년 지도교수이신 채이식 교수께서 필자를 자신의 후임교수로 끌어주셨다. 우여곡절 끝에 명문 고려대 법대의 교수로 초빙된 것이다. 기라성 같은 제자들이 많음에도 불구하고 면단위 고등학교를 나오고 지방대학 출신인 필자를 당신의 후임으로 선택해주신 은사 채이식 교수님의 당시의 결정에 감사를 드리지 않을 수 없다. 큰 학은을 입었다. 선생님은 필자에게 "해운의 역사를 자네가 다시 쓰게 될 것이다"고 덕담을 해주셨다. 선생님은 현대상선의 사외이사 및 IMO법률위원회 위원장 등을 지내면서 해운을 아셨다. 고려대에서만은 해상법의 학맥을 이어야겠다는 생각이 강하셨다.

선생님과 나는 4년간 고려대에서 함께 근무하게 되었다. 법대교수회의에서 투표로 초빙여부를 결정하는데 50명의 교수님들은 나의 학구적인 모습을 높이 평가하여 만장일치로 찬성해주셨다고 한다. 나를 초빙해준 고려대가 너무 고마웠다. 보답하기 위해서라도 열심히 공부하고 강의하고 논문을 작성해서 발표했다. 2,500명의 법학교수와 연구자들 중에서 법학논문 인용지수로 2년이나 1등을 했을 정도로 나는 질 좋은 논문을 많이 발표했다. 법대교수가 통상 가지지 않는 저명한 영어논문(SSCI 및 SCOPUS) 17편을 가지고 있다. 아마도 법대교수 중 최고로 많은 영어논문 편수이다. 14년간 봉직을 하고 나니 벌써 내년 8월말 정년퇴직을 하게 된다.

고려대 해상법연구센터의 기능

고려대 해상법연구센터는 학교에서 지원을 받는 연구기관이 아님을 밝히고자 한다. 고려대는 정책적으로 학교가 지원해주는 아세아문제연구소와 같은 기관이 있다. 해상법연구센터는 법학연구원 내부에 필자가 설치하여 조교들과 같이 연구하는 센터이다. CJ법학관이 생기면서 2012년 방을 하나 얻었다. 자체 내규에 따라 방 한칸에 월세를 100만원씩 내었다(현재는 40만원). 해운협회 등에서 지원을 해주어서 오늘날까지 센터가 물적설비를 가지고 운영되어 왔다.

대양상선의 정유근 사장님이 설립한 해송법률문화재단에서 해마다 300만원씩 지원해주었다. 여기에 더해 스파크인터내셔널의 박신환 사장님, 팬오션 등이 후원한다. 연간 약 2,000만원의 예산이 드는데, 연구실 사용료, 복사 및 출판비, 회의 후 식사비 등에 사용된다. 센터에서 일하는 소장 이하 연구조교를 비롯하여 강의를 하시는 분들은 거의 재능기부로 봉사하는 형식이다. 그럼에도 불구하고 해운산업을 위하고 해상법이 좋아서 그리고 사명감으로 필자가 주축이 된 고려대 해상법연구센터는 아래 사업을 하면서 지난 10년간 묵묵히 달려왔다.

간행물

해상법 News Update를 44회 발간했다. 1년에 네 차례씩 해상법 판례와 해상법 소식을 담아서 발간한다. 영어, 중국어, 일본어로 번역하여 외국에도 보낸다. 2년 전부터 해상법 주간브리핑(weekly briefing)을 만들어 매주 월요일 온라인으로 보낸다. 일주일 동안 있었던 해사관련 뉴스에 해상법의 색깔을 입히는 작업을 필자가 매주 한다. 5,500명에게 이메일로 제공한다. 30명의 판사들에게도 보낸다. 인기가 높다.

세미나

해마다 12월에 그 해의 해상법을 정리하는 “해상법 전문가강좌”라는 세미나를 개최했다. 이때 한 해를 정리하는 해상법 좌담회도 개최되어 왔다. 이 좌담회는 해양한국에 연재되었다. 해양한국에서 10년 전까지 그 해에 있었던 중요해상법 이슈를 찾아볼 수 있다. 그 자체로 명품이 되었다고 할 수 있다. 세월호, 한진해운사태에 4~5회씩 연속해서 세미나를 개최하여 해결책을 제시했다. 2020년 코로나19 사태 이후 해운조선물류 안정화방안 세미나를 8회 개최한 상태이다. 항만물류법 세미나도 김&장 법률사무소와 같이 개최하고 있다. 6회까지 개최했다.

공부모임

해운조선물류수산(바다)최고위 과정을 개설해서 5기까지 200명을 배출했다. 전현직 국회의원이 6명 수료했다. 해운, 조선, 물류, 선박금융 등 바다산업의 CEO들의 통섭적인 네트워킹이 가능한 유일한 과정이다. 2020년 9월부터 ‘바다 저자전문가와의 대화’(일명 바다공부모임)를 시작하여 900명의 회원을 자랑한다. 격주 토요일 바다 관련 통섭적인 공부를 한다.

이외에도 우리나라 불모지대인 선박건조법 및 선박금융법을 연구하고 지식수준을 높이기 위하여 선박건조금융법연구회를 조직하여 11년이 되었다. 45회까지 세미나를 가졌다. 수산과 해양레저에서도 법적인 접근이 없다는 점에 착안하여 연구회를 조직했다. 수산해양레저법정책연구회는 17회까지 세미나를 했다.

저 서

연구물을 단행본으로 펴냈다. 선박건조금융법연구 제1권과 제2권이 있다. 바다공부모임의 결과물인 "바다, 저자와의 대화" 제1권, 2권, 3권이 있다. 자체연구로서 선주업육성에 대한 연구, 해사경쟁법 연구, 소형화주를 위한 장기운송계약방안 등을 수행했고 소책자로 발간되어 배포되었다.

용역보고서

연간 2건 정도 깊이 있고 객관적인 보고서를 작성했다. 한진해운 파산백서—법률분야, 어선의 충돌사고시 손해보상방안, 예선업의 법률관계 개선방안, 정기선의 법률관계, 해운법상 공동행위에 대한 연구, 자율운항선박의 법률관계 등이 있다.

산학협동

고려대 해상법연구센터는 국내외 공공기관과 협정을 체결하여 해상법강의와 연구를 지원하고 있다. 해양안전심판원과는 10년여 동안 산학협정을 체결하여 해양안전심판원의 심판관, 조사관의 교육장소 및 저명 고려대 교수들의 강의(민법, 형법, 형사소송법 등)를 제공하고 있다. 자율운항선박의 설계를 담당하는 아비커스와도 협정이 체결되어 자율운항선박의 법적 쟁점을 제공하여 운항에 참고하게 한다. 서울보증과도 협조관계가 유지되어 500명 직원들의 보수교육에 고려대의 수준 높은 강사진을 구성하여 교육을 시켜주고 있다.

해상법의 국제화

일본의 와세다대학, 중국 대련해사대학과 고려대학이 동아시아 해상법 포럼을 2008년 창립했다. 해마다 돌아가면서 해상법 세미나를 개최해왔다. 14회를 금년 고려대에서 개최할 예정이다.

남겨진 과제와 나아갈 방향

국제화의 길

해상법은 국제화가 되어야 한다. 해상법은 기본적으로 외국과의 거래가 필수인 국제운송계약을 다루기 때문이다. 준거법을 정하는 상대방은 항상 외국인이다. 우리 법률과 우리 법정이나 중재가 선택되기 위해서는 영어로 설명이 된 우리 법을 상대방에게 제시해야 한다. 쉽지 않다. 영연방의 일원인 싱가포르, 홍콩, 호주 등은 이런 점에서 우리보다 유리한 입장이다. 해상법연구센터는 우리 해상법의 영문화 작업에 일정한 기여를 하고 있지만 여전히 부족한 상태이다. 더 많은 인력을 확보하여 영문화, 중국어화, 일본어화를 도모해야 할 숙제가 해상법연구센터에 있다.

해상법의 학맥 이어가기

고려대 해상법이 직면한 가장 큰 숙제는 고려대에 해상법 교수를 계속 둘 수 있는지에 있다. 사사로운 일이라고 볼 수 있지만, 부산대를 제외하고 로스쿨에서 해상법 교수가 있는 곳은 고려대가 유일하기 때문에 공적인 문제가 된 것이다. 정말 사정은 어렵다. 이미 서울의 15개 로스쿨에서 해상법 교수는 모두 사라졌다. 서울대의 송상현 교수님, 연세대의 박길준 교수님, 외국어대의 이균성 교수님, 성균관대의 최준선 교수님, 경희대의 정완용 교수님 등은 후임을 뽑지 못해서 이들 학교에 해상법 교수는 더 이상 존재하지 않는다. 채이식 교수의 노력으로 고려대만 유일하게 후임이 연결되었다. 그나마 그 후임자도 내년 2024년 8월에 정년퇴직이다. 그래서 많은 사람들이 고려대가 해상법 학맥을 이어갈 수 있을지 걱정스러운 눈으로 바라본다.

왜 이렇게 되었는가? 2009년 로스쿨이 설치되면서 해상법이 변호사 시험과목이 안 되었기 때문이다. 로스쿨은 당초의 취지와 달리 변호사 시험 합격에 매몰되어 있다. 변호사 시험 합격자를 늘리기 위한 헌법, 민법, 형법 교수가 중요하지 상법 그중에서도 변두리인 해상법 교수는 필요 없다는 생각이 아주 틀린 것은 아닐지도 모른다. 하지만 과연 로스쿨의 법과목이 변호사 시험만을 위해 존재하는가? 해운, 조선산업, 물류산업을 지탱하고 법적 근거를 제공하는 해상법은 없어서는 안된다. 해운산업은 우리나라 수출입에 필수적이다. 그 해운산업의 법적 기초를 다루는 학문이 해상법이다.

고려대 해상법연구센터는 그러한 산업의 근간을 제공하는 역할을 10년 이상 해왔다. 학교당국과 동료교수들에게 해상법은 꼭 필요한 학문임을 보여주려고 노력도 해왔다. 업계도 이에 발맞추어 주었다. 해운협회는 해상법연구센터에 대한 지원을 해주었다. 도선사협회는 연간 6명에게 장학금을 지급하여 해상법 수업이 개설되게 해주었다. 그러나 쉽지가 않다. 해운은 과거와 달리 아주 작은 산업분야가 되었다. 정치인과 일반대중들에게 해운산업은 기복이 심하고 국민들에게 걱정거리라는 인식이 강하게 심어져 있다. 고려대학교와 같은 큰 학교에서도, 왜 인기 없는 해운산업의 학문을 본교가 책임져야 하는지 의문을 제기하는 분위기가 강하다. 이럴수록 우리 해운업계는 함께하여 그 필요성을 강조하고 스스로를 지켜나가야 한다. 앞으로도 위와 같은 노력들을 업계가 해주어서 고려대의 해상법 학맥이 이어지기를 고대한다.

제 2 장

EU의 정기선사공동행위에 대한 경쟁법적용 면제규정 폐지의 의미와 대책*

들어가며

정기선운항은 상법적 측면에서는 개품운송이다. 개개의 물건을 운송하는 계약을 해상운송인과 송하인이 체결하는 것이다. 정기선운항의 개품운송은 일반 택배형태의 개품운송과 달리 출발시간과 도착시간이 사전에 공표되어 운송인은 그 스케줄에 따라 운항서비스를 제공하는 점에서 특징이 있다. 정해진 시간표에 따라 화주와 약속한 바를 지키기 위하여는 상당한 노력이 필요하다. 일정한 주기로 선박이 출항해야 한다. 미국서부와 부산항의 기항이라고 하자. 항구의 기항을 포함해서 두 달이 걸리는 여정이다. 1주일에 1척의 선박이 부산항에서 출항하려면 8척의 선박이 있어야 한다. 미국서부의 항구에 컨테이너 터미널도 있어야 한다. 그리고 상관습법상

* 한국해운신문, 2023.11.5.

운송인은 컨테이너 박스도 송하인에게 제공해야 한다. 이와 같이 상당히 많은 자금이 필요한 자본집약적 산업이 정기선운항이다. 이 점에서 항해용선계약과 많이 다르다. 항해용선계약을 체결하는 해상운송인은 이런 제약이 없다. 정시에 도착할 의무가 없다. 또한 선박 1척으로도 해상운송서비스를 제공할 수 있다.

정기선은 상품의 수출과 밀접히 연결되어 있다. TV, 냉장고, 철광제품, 야채, 생선, 노트북 등의 수출입은 컨테이너 박스에 넣어져서 정기선사에 의하여 운송된다. 세계 각국은 수출입으로 국민들이 필요한 상품을 서로 교환한다. 바다를 통한 운송이 필수적으로 뒤따른다. 정기선사가 없다면 무역은 불가하다. 그래서 정기선사가 안정적으로 수출입화물을 실어날라야 할 필요성이 크다.

정기선사들이 경쟁을 격하게 하면 취약한 회사는 파산하고 만다. 한진해운 사태에서 보았듯이 한 정기선사의 운항정지는 대규모의 물류대란을 발생시킨다. 그래서 정기선사들이 최소한의 이익을 보장하면서 운송서비스를 제공하도록 했다. 이것이 운임동맹(conference)으로 만들어져 운영되었다. 운임을 공동으로 정하게 해서 정기선사들이 일정한 이윤을 가지고 도산되지 않고 더 효율적이고 안정적인 운송 서비스를 제공해줄 것을 기대한다. 미국, 한국, 일본은 이런 체제하에 있다.

유럽의 경우 이런 운임의 공동행위는 2008년부터 더 이상 허용되지 않고 운항을 공동으로 하는 것은 허용해왔다. 4개의 정기선사들로 구성된 얼라이언스가 하나의 노선에서 선박을 공동으로 운항할 수 있도록 했다. 이것이 정기선사에도 좋고 화주에게도 더 풍부한 서비스를 제공한다고 보았기 때문이다. 이름하여 CBER(Consortia Block Exemption Regulation)이다. 콘소시아에 대한 공동행위 일괄면제제도이다.

2020년에서 2022년까지 해상운송서비스에 큰 혼란이 왔다. 코로나19 사태로 인하여 예상과 달리 공급보다도 수요가 대폭 증가한 현상이 나타났다. 선박은 항구에 잠기어서 움직이지 못했다. LA항의 앞에서 100척의 컨테이너 선박이 대기하기도 했다. 이에 단기시장 운임은 10배까지 치솟았고, 정시도착률은 30%대로 떨어졌다. 화주들은 불만이 쌓이기 시작했다.

미국의 경쟁당국도 정기선사에게 강한 운송의무를 부과하는 제도를 도입했고, 지체료에 대하여 운송인의 불합리함에 벌금과 손해배상금을 부과하여 강하게 실시하고 있다. 태평양항로의 90%에 가까운 점유율을 보이는 3대 얼라언스의 높은 과점 상태를 부정적으로 바라본다. 공동행위에 대해서 경쟁법 적용을 제외하는 미국 해운법의 규정을 삭제하는 법안이 의회에 제출되어 있을 정도이다.

유럽은 이번에 CBER이 일몰이 되는데 이제는 더 이상 연장해주지 않겠다고 10.10. EU 측에서 발표했다. 상당한 정도 예견된 행보이기는 하지만, 많은 해운산업관계자들이 이의 진정한 의미가 무언지, 그리고 어떤 변화가 올지 궁금해 한다. 이에 그간 연구를 바탕으로 해운신문독자들에게 연구내용을 공유하고자 한다.

정기선사에 대한 경쟁법 이슈

경쟁법 혹은 공정거래법은 완전경쟁이 이루어지면 소비자의 후생에 도움이 된다고 보고 이런 시장상태를 만들어 주는 것을 목표로 한다.

독과점 방지

독과점을 방지하려고 한다. 어떤 산업을 한 회사만 하면 그 회사가 마음대로 생산량을 조절하여 가격을 정할 것이다. 이것을 막겠다는 것이다. 이는 시장지배적 지위의 남용방지라는 이름으로 우리 공정거래법에서 다룬다. 아래에서 보는 공동행위와 달리 혼자서 이루어지는 행위이다. 해운법에서 다루는 사항은 아니다.

공동행위(cartel) 방지

두 사람 이상이 서로 공동의 의사를 가지고 공급량을 줄이면 가격이 올라가게 된다. 같은 공급량이라도 서로 모여서 가격을 통일화시키면 가격인상이 가능하게 된다. 이런 공동행위를 막으려고 한다. 우리 공정거래법에서 가장 중요하게 다루는 부분이다. 원칙적으로 공동행위는 금지되는 사항이다. 정기선 운항에서는 해운법에서 예외규정을 두어서 운임 및 운항에 대한 공동행위가 가능하다.

불공정거래행위의 방지

대기업이 자회사를 만들어 모두 운송하게 하면 다른 운송회사는 기회가 없어진다. 이와 같이 내부거래를 하는 것은 공정하지 못하다고 본다. 그래서 금지하는 사항이 된다. 약속되고 공표된 스케줄을 어기면서 공급을 하지 않아서 가격에 영향을 미치게 되는 행위는 금지된다. 공정거래법에서 다루는 사항이다. 해운법에서도 독자적인 불공정거래행위를 정하고 있다.

기업결합

예를 들면 시장점유율이 50%인 두 회사가 기업결합을 하면 100%의 시장점유율을 가지게 된다. 독점 상태에 이르게 된다. 독점은 경쟁법이 극히 피하고자 하는 상황이다. 그래서 기업결합심사를 하여 결합을 못하게 한다. 이것도 공정거래법에서 다루는 사항이다. 해운법에서는 이것은 다루지 않는다.

위 사항들은 세계 공통이다. 경쟁법(competition law)이라는 것이 서양에서부터 발생해서 우리나라에 도입된 것이다.

현재 EU의 정기선사에 대한 공동행위허용내용

유럽제국도 정기선운항의 동맹체제를 인정했다. EU기능조약(Treaties of the European Union; TFEU) 제101조 제1항에서 공동행위는 하지 못하도록 정한다(이전에 적용되던 EC조약은 2009년 발효된 리스본 조약에 의해 EU기능조약이라는 명칭을 사용하고 있으며, EC조약 제81조부터 제89조에서 규정하던 EU경쟁규범을 EU기능조약은 제101조부터 제109조에서 규정하고 있다). 제3항에서 예외규정을 두었다. EU는 이에 근거하여 정기선 운항자들에게 일정한 요건을 갖추면 일괄하여 제101조의 공동행위 규제를 적용하지 않도록 규칙을 만들었다. 근거가 되는 EC 2009년 규칙(906/2009)에 의하면 (i) 운임에 대한 공동행위는 하지 말 것, (ii) 공동행위자의 모임(consortia)의 시장점유율이 30%를 넘지 않을 것, (iii) 6개월 통보기간만 있다면 언제나 회원사가 탈퇴할 수 있을 것이라는 세 가지 요건을 충족하면 콘소시아의 구성이 가능했다. 콘소시아는 현재 시장에서는 얼라이언스로 보면 된다. 이에 따라 3대 얼라이언스는 운항에 대한 공동행위를 하고 있다.

이러한 요건을 갖추기만 하면 이것으로 운항공동행위는 허용되고 다른 행정당국에 대한 신고나 화주와의 협의 등이 필요 없다는 의미에서 일괄면제(block exemption)라고 불린다. 정기선사 스스로가 판단해야 한다. 제10조 제3항에 의한 공동행위 면제규정은 EU집행위원회의 전속사항으로 개별적으로 면제신청을 받아서 승인해주었었다. 엄청나게 많은 면제 신청의 행정업무과부하를 막기 위해서 몇 개의 사업집단에 대하여는 절차와 규정요건에 맞기만 하면 더 이상 개별신청이 필요 없도록 한 것이 바로 일괄면제제도이다.

얼라이언스 3개사 혹은 4개사가 모여서 운임을 공동으로 정하면 안 된다. 특정 항로에 점유율이 30%가 넘으면 안 된다. 가능한 것은 운항에 대한 공동행위이다. 동북아에서 유럽으로 가는 노선은 제자리에 돌아오는데 90일이 걸린다. 일주일에 한번 출항하면 12척이 필요하다. 한 노선에 일주일에 2번씩 배가 떠나도록 한다면 24척의 배가 필요하다. 2개의 회원사가 12척씩의 선박을 넣으면 될 것이다.

A선사가 단독으로 운항을 한다면, 부산－홍콩－싱가포르－지브롤타－로테르담 이런 항구를 거치는 스케줄을 가지고 부산항에서 매주 월요일 출항하면 될 것이다. 그런데, 자신은 화주가 많지 않아서 선박 공간의 1/3만 채울 수 있다. 공간을 더 채울 수 있다면 이익이다. 화주들은 한번 더 떠났으면 더 좋겠다고 한다. B선사에게 금요일 떠나 주기를 협상했고 그가 그렇게 하기로 했다. B선사도 한국고객이 있는데 마찬가지였다. A사는 B사가 운항하는 선박에 자신의 화주의 화물을 싣기로 했다. B사도 마찬가지로 A사가 운항하는 선박에 자신의 화주의 화물을 싣기로 했다.

단독운항할 때 비하여 A사는 적재 공간의 66%에 화물을 채울 수 있게 되어 수익이 더 많아졌다. B사도 마찬가지이다. 화주들도 1주일에 1번만 수출품을 실어 보낼 수 있던 것이 2번으로 늘어나서 더 좋아졌다.

이를 선박공유협정(Vessel Sharing Agreement: VSA)이라고 한다. 위와 같은 사례는 경쟁법의 관점에서 보면 공급이 늘어난 것이므로 환영할 일이다. 그런데, 반대로 이제 물동량이 떨어져 B사가 서로 협의를 하여 빠져나간다면, 일주일에 2번 있던 서비스가 1번으로 줄어들므로 공급량이 줄어들게 된다. 이렇게 되면 경쟁법 위반의 문제가 생긴다. 선박공유협정제도는 경쟁법 관점에서 소비자를 불리하게 하는 측면도 포함되게 된다. 그럼에도 불구하고 그간 EU에서는 전체적으로 VSA는 소비자에게 효용이 있다고 보았기 때문에 허용한 것이다.

특정한 항로에 시장점유율이 30%가 되면 한척의 선박을 결항시켜도 운임에 영향을 주게 된다. 시장지배적 지위에 이르면 경쟁법에서는 다양한 조치를 취한다. 2M과 같은 경우는 30%에 육박하는 시장점유율에 도달했기 때문에 현재의 CEBR하에서도 적용 더 이상 연장받기가 어려웠을 것이다. 그래서 2M은 작년 결별을 선언한 것으로 보인다.

CBER 적용 폐지의 의미

EU에서는 검토결과 화주나 포워더들의 건의를 받아들여 CBER을 더 이상 정기선사들에게 허용해주지 않겠다고 발표했다. 2024.5.부터는 EC조약 제101조 제1항의 내용과 이를 국내법화한 동일규정이 정기선사의 운항에 적용되는 것이다. 다만, 제101조 제3항의 면제규정에서 개별면제제도는 여전히 유효하므로, 각 정기선사는 자신이 다른 선사와 공동으로 운항하는 내용을 EU 혹은 개별국가에 승인을 받아야 하는 법률적인 부담을 안게 되었다. 운임에 대한 공동행위, 공급량조절이 되는 공동행위는 하지 못하게 되는 것이 원칙이다.

제10조 제3항에서 말하는 적용면제의 조건은 아래와 같다. 첫째, 사업자간의 합의 등이 상품의 생산, 유통의 개선 또는 기술적 경제적 발전에 기여해야 한다. 둘째, 그 합의에 의한 결과로서 발생하는 이익이 소비자들에게 공평하게 분배되어야 한다. 여기에서 말하는 이익에는 가격하락과 질적 향상 등이 포함된다. 셋째, 이러한 목적을 달성하는데 필수불가결하지 않은 제한이 사업자들에게 부과되어서는 안된다. 넷째, 당해 생산물의 주요 부분에 있어서 경쟁을 제거할 수 있는 가능성이 사업자들에게 열려있지 않아야 한다. 위 네가지 조건을 모두 갖추어야 적용이 면제된다.

달라지는 것

그러면 달라지는 것은 무엇인가? 그간 제101조 제3항과 집행위원회의 규칙 906/2009 및 2020/436의 CBER에서 허용했던 조치가 무언지를 우선 보아야 한다. 공동으로 운항하는 아래의 서비스가 허용되었다. 방문항구에 대한 협의와 공동결정, 선박과 항만설비의 공동사용(pooling), 운항을 위한 하나 및 복수의 사무소의 운영, 컨테이너와 샤시와 다른 장비의 제공, 공급과 수요의 등락에 맞춘 공급량의 조절, 항만시설 및 하역 등의 공동운영 혹은 사용, 컴퓨터화된 데이터의 상호교환 시스템 등이었다.

얼라이언스의 유지

3개의 선사 이상이 모이는 얼라이언스는 더 이상 못하게 된다. 얼라이언스라는 이름하에 다수의 정기선사들이 같은 테이블에 앉아서 운항을 공동으로 부대비용을 인상하거나 노선을 없애거나 결항하는 등의 조치는 취할 수 없게 된다. 얼라이언스가 대량의 물량을 근거로 컨테이너터미널과 부두 사용료 및 하역비 협상을 하는 것도 할 수 없다.

스페이스 차터를 통항 운항

위의 예에서 1주일에 2번씩 떠나는 운항에 지장이 오면 안 된다. EU도 이것을 바라는 것은 아닐 것이다. A선사의 선박은 모두 월요일에 떠나고, B선사의 선박은 금요일에 떠나면 된다. 선사들은 자신들의 화주들을 위해서 스페이스 용선을 해서 자신들의 화주의 화물을 상대선에 실으면 된다(A선사는 B선사의 선박을 스페이스 용선함). 얼라이언스에서 논의되고 배선이 결정되는 것이 이제는 개인선사끼리의 계약에 의하여 처리되는 점이 달라지는 것이다. 이러한 스페이스 차터는 경쟁법위반의 요소가 없다. 그렇기 때문에 제101조 제3항에 의한 면제신청을 하지 않아도 되는 사항으로 판단된다.

2개 선사가 노선을 조정하는 공동행위

기존에 A, B 선사가 제휴를 하여 2개의 노선을 가지고 있었다. 제1노선에 A선사는 월요일에 출항하고 B선사는 수요일에 출항했다. 제2노선에 A선사는 목요일에 출항하고 B선사는 금요일에 출항했다고 하자. 불황이 와서 선복이 1/2도 채워지지 않자 적자가나기 시작했다. 양 선사는 만나서 제1노선을 운항하지 않기로 했다. 지금까지는 CBER하에서 가능했다. 일괄면제를 받았기 때문에 개별사항에 대한 신고를 할 필요가 없다. 이것이 우리나라나 미국제도와 다른 점이었다. 이제는 달라진다. 공급이 줄어들었다. 그러므로 제101 제1항에 위반인 사항이다. 정기선사는 이렇게 해야 불경기를 피해 갈 수 있다. 이 경우는 제101조 제3항에 따른 적용면제 신청을 개별사항에 대하여 받아야 하므로, EU 혹은 개별국가의 경쟁당국을 찾아가서 승인을 받아야 한다. 아니라면 처벌의 대상이다.

운임 등

2개 회사 이상이 모여서 운임을 공동결정하거나 공급량을 조절하거나 시장이나 고객을 서로 할당해서 가지는 것은 CBER에서도 불허된 것이라서 더욱 하지 못한다.

대 책

운항의 측면

이렇게 본다면, 교과서에서 말하는 정기선 운항의 초보적인 협력단계로 되돌아간다고 보면 될 것이다.

얼라이언스 체제하에서 3~4개의 정기선사들이 자신들의 선박을 제공하고 이를 공동으로 여러 항로와 노선에 배치하여 마치 자신의 선박과 같이 사용하던 것을 못하게 된다. 이제는 다른 정기선사와 상의 없이 스스로 단독운항을 해야 한다. 자신이 계약운송인으로 화물을 모두 자신의 선박에 채울 수가 없다면 다른 계약운송인의 화물을 빌려서 가져와야 한다. 이런 목적으로 공간을 다른 정기선사에게 팔게 된다. 이를 슬로트 차터라고 한다. 노선마다 정기선사는 여러 명의 파트너를 구해야 한다. 서로 공간을 주고받아야 한다. 이런 작업이 필요하다. 그러나 화주의 입장에서는 자신의 계약운송인은 동일하다. 다만 자신의 화물이 실린 선박의 운항자가 달라질 뿐이다.

한 선박에 두 명, 혹은 세 명의 운송인이 있는 점은 달라지지 않는다. HMM이 운항하는 선박에 양밍이 운송인인 화주의 화물이 실리게 된다. HMM은 양밍의 화주에 대하여는 운송계약상 책임을지지 않는다. 그는 양밍의 이행보조자일 뿐이다. 운송중 화물손상에 대하여 운송계약상 채무불이행책임을 부담하는 자는 양밍이다. 다만, HMM은 불법행위책임을 부담할 수 있다.

화주와의 협력

머스크와 MSC와 같은 대형외항정기선사는 스폿의 비중보다 장기운송계약의 비중이 높은 정기선사로 알려져 있다. HMM과 양밍과 같은 경우는 스폿비중이 높다. 이는 고객의 확보에서 머스크와 MSC가 HMM과 양밍보다 유리함을 의미한다. 선박 1척에 대한 공간을 더 많이 채울 수 있다는 의미이기도 하다. 따라서 새로운 체제하에서 단독운항을 함으로써 채워지지 않는 공간의 규모가 머스크와 MSC는 적고 노선도 많았기 때문에 유리하다고 할 수 있다.

우리나라의 미주와 유럽화물의 약 15%만 우리 정기선사가 싣는 것으로 알려져 있다. 85%는 외국의 정기선사가 싣고 나간다는 의미이다. 우리나라에서 출항 시부터 우리 화물을 더 많이 싣도록 운송계약이 체결되어야 할 필요성이 더 높아졌다.

우리나라 해운법 및 미국 해운법에 미칠 영향

이런 정기선운항에 대하여 경쟁법을 원칙대로 적용하는 경향이 우리나라 경쟁법에도 영향을 미칠 것인지 문제된다. 우리나라 동남아, 일본 시장은 완전경쟁시장이다. 오히려 외국의 대형 정기선사들의 유입에 우리 중소형 정기선사를 보호해야 할 상황이다. 그래서 해운법 제29조의 공동행위허용규정은 존치되어야 한다.

미국에도 영향을 미칠지가 주목된다. 미국은 CBER의 폐지에 영향이 없을 것으로 본다. 미국은 오랫동안 운임에 대한 공동행위를 지금까지 허용해왔고 서비스계약의 도입하고, 강력한 규제기능을 갖는 FMC를 통하여 공동행위를 합리적으로 규율하고 있기 때문이다.

미국과 우리나라는 정기선의 공동운항에 대하여 정부의 관리하에 모두 허용하는 제도를 가지고 있다. 공동행위에 위반이 되는 사항은 신고하여 승인을 받는 제도인 것이다. 이제는 미국, 한국, 유럽이 모두 정부가 관리하는 체제하에 놓였다고 볼 수 있다.

홍콩과 싱가포르는 유럽의 CBER체제를 도입하고 있다. 이들 국가도 1~2년 내에 정기선사의 공동행위에 대한 일괄면제를 유지할 것인지 결정을 할 것이다. 이들 국가가 우리나라보다 강화된 규정을 가진다면, 그들 국가의 화주들이 피해를 보았다고 주장할 수 있기 때문에 역외적용을 회피하기 위한 법제도나 경쟁당국 간의 신사협정 등이 필요할 것으로 본다. 동남아 국가들의 대부분은 우리나라와 같이 운임 및 운항공동행위를 허용하는데 이들 국가만 허용하지 않아서 우리나라가 그 수준에 맞추어 영업을 불리하게 할 수는 없기 때문이다.

이번 EU의 조치는 법률적으로 보면 일괄면제제도는 정기선 운항의 공동행위에 더 이상 적용하지 않는 것이지만, 여전히 개별면제제도는 남아있기 때문에 외형상 변화는 없지만, 각 정기선사가 신청과 승인의 절차를 밟아야 하는 법적 리스크를 부담하게 되었다고 볼 수 있다. 차근하게 준비를 하면 된다.

제 3 장

글로컬 대학 선정을 위한 해양대학의 나아갈 방향*

들어가며

글로컬 대학에 선정되기 위한 지역 대학들의 몸부림이 애절할 정도이다. 그도 그럴 것이 정부는 30개의 대학을 글로컬 대학으로 선정하는데 선정되면 5년간 1,000억원을 지원받는다. 10곳이 이미 지난 10월까지 발표되었고 정부는 2027년까지 20곳을 추가 선정할 계획이다. 1차 시도에서 실패하기는 한국해양대학교(이하 한국해대)나 목포해양대학교(이하 목포해대)도 마찬가지이다. 최근 한국해대와 부경대학과의 통합이야기가 나오자 동문들을 중심으로 크게 술렁거렸다.

그렇지만, 대학의 구조조정 문제는 이미 10여년 전부터 지속되어온 것으로 간단한 문제가 아니다. 50만명이던 취학학생 수가 25

---

* 한국해운신문, 2024.1.8.

만명으로 줄어드는 현실에서 각 대학이 현재의 규모를 가질 수 없다는 것은 자명하다.

장차 해양대학의 주를 이루는 해기사교육은 대중들의 선택에서 멀어질 것임은 자명하다. 여러 다양한 직업군 중에서 바다에서 시간을 보내야 하는 직업은 기피할 것임에 틀림없기 때문이다. 그럼에도 불구하고 국가가 존립하기 위해 무역이 존재하는 한 선박은 있어야 하기 때문에 해기사를 양성하는 학교는 반드시 존재해야 한다.

어떻게 존재할 것인가? 큰 숙제가 아닐 수 없다. 글로컬 대학에 선정되어 국가로부터 지원을 받기 위해서 어떻게 해야 할 것인가? 정답은 의외로 간단할 수 있다.

글로컬이란 글로벌(global)과 로컬(local)의 합성어이다. 대학을 글로벌화하면서도 지역에 유용한 것이어야 한다. 그리고 부차적으로 인구감소에 맞추어 대학 학생 수가 줄어드는 것이어야 한다. 그렇지만 두 학교가 하나로 통합되어 학생 수를 인위적으로 줄이는 것만이 여기에 포함되는 것은 아니다. 통합하지 않고도 자체적으로 자연감소를 하거나 다른 방법(예를 들어 외국학생 수의 유입 혹은 학부가 아니라도 대학원 혹은 단기과정교육기회 제공)으로 학생 수를 유지하면 되는 것이라고 본다.

필자는 한국해대 항해학과를 졸업하고 상선에서 선장까지 마쳤다. 목포해대에서 교수로 8년간 근무를 했다. 해기사 교육 등에 평소에도 관심을 가지고 보여 왔다. 2023년 10월 한국해대의 글로컬 대학 선정 세미나에 사회자로 참석한 바 있다. 부산대학교 교수를 거쳐서 2009년부터 고려대학교 교수로 재직 중이다. 이런 체험을 바탕으로 아래와 같이 그림을 그려본다.

글로컬 대학 선정을 위한 방향성의 제시

재학생 수는 줄어들도록 기획해야

글로컬 대학에 선정되기 위해서는 학생 수는 줄어드는 기획을 해야 한다. 항해학과 250명, 기관학과 250명인 정원을 1/2로 줄여야 한다. 그래야 20년 뒤의 인구감소에 맞추어가는 것이다. 자율운항선박 3단계에서도 해기사 8명 승선이 4명으로 줄어들 것으로 예상된다. 이에 맞추어가야 한다. 당장은 아니지만 서서히 줄여야 한다. 업계 전체로는 배출되는 해기사가 줄어들어서 문제가 된다. 그런 부족분은 오션폴리텍과 같은 성격의 교육기관에서 배출하면 된다. 글로컬의 목적달성을 위해서는 반드시 학생 수가 줄어야 한다.

해운물류, 조선 특성화 대학으로 가야

글로컬 대학에 선정되기 위해서는 해운물류, 조선특성화 대학으로 가야 한다. 순수한 경영학・법학, 건축공학, 전자공학 등 학문분야에서 한국해대나 목포해대가 고려대학교나 부산대학교 같은 역사 있는 종합대학을 이길 수 없다. 양 대학은 처음부터 해기사양성을 위한 대학으로 설립되었다. 해양수산부로부터 해기사양성교육기관으로 지정된 대학은 상선분야는 이 두 대학밖에 없다. 해운물류분야, 조선분야 특성화 대학의 길을 끊임없이 가야 한다. 경영학과 법학과가 아니라 해운경영학과 해사법학과가 되었기 때문에 1980년 설립된 이후에 이들 학과는 성공을 했다. 이런 길을 가는 한은 해운물류, 조선특성화 분야에서 대한민국 최고의 대학들이다.

특성화는 말로만 해서는 안 된다. 모든 학생들이 선박에 얼마간이라도 승선하고 기숙사 생활을 하는 등 투철한 바다사랑 마음, 바다산업을 위한 엘리트 교육을 받아야 한다.

어떤 일이 있어도 바다를 떠나지 않을 젊은이들을 길러내야 한다. 이런 정신교육은 일반대학의 학생들과 같이 그냥 출퇴근으로 학교를 다녀서는 길러지지 않을 것이다. 기숙사생활, 승선실습 등을 통해서 절도 있고, 책임감 있는 바다산업 엘리트가 길러진다고 본다.

해사법학과 해운경영학과 박용기관학과 학생들은 해기사가 되지는 않더라도 이런 교육과정을 받을 수 있다. 이런 변화된 교육체제를 글로컬 신청서에 담으면 경쟁력이 있다고 볼 것이다.

대학교의 대학이나 학과는 해운물류 조선분야의 특성화에 맞추어야

해운물류, 조선분야 특성화에 전혀 맞지 않는 학문분야는 경쟁력이 떨어지기 때문에 조화롭게 재분류를 해야 한다. 다른 말로 하면 해운물류, 조선분야 특성화로 단과대학이나 과를 연결시켜야 한다는 의미이다. 인문학도 해양인문학이라고 하면 특성화와 연결될 수 있을 것이다.

특성화에 맞지 않는 학과는 장차 학생들이 이들 대학에 진학할지도 의문이다. 다른 과로 통폐합할 수도 있을 것이다. 재학생수가 장차 줄어들 수 있음을 보여줄 수 있을 것이다. 많은 학과가 해운물류, 조선분야 특성화와 연결시킬 수 있을 것으로 본다.

다만, 교양학부는 반드시 필요하다. 특성화의 기초가 되는 교양교육은 어느 학교나 있어야 한다. 특성화에 먼 학과는 교양학부로 편입시키는 작업이 필요하다.

해양수산부와 시 당국으로부터 교육연구기관을 공동책임기관으로 이관받아야

해양수산부나 부산시 혹은 목포시로부터 교육연구기능에 대한 공동책임기관으로 받아오면 글로컬 대학 선정에 유리할 것이다.

선원에 대한 면허교육과 단기과정을 담당하는 교육기관이 있다. 이 기관은 해양수산부 소속이다. 한국해대와 목포해대는 교육부소관이고 글로컬 대학 사업도 교육부 사업이다. 우리나라는 해기사교육이 이원화되어 있다. 그런데, 미국의 국립 상선사관학교인 킹스포인트는 재교육(해군포함)기능까지 포함하고 있다. 상선사관생도를 4년간 길러내기도 하지만, 항상 선원 재교육으로 학생들이 가득함을 보았다.

현재 해양수산부가 가지는 재교육기능을 해양대학들과 공동으로 운영한다면 교육과정 등을 더 효율적으로 경쟁적으로 운용할 수 있을 것이다. 재교육기능은 우리나라만이 아니라 인도네시아, 중국, 대만 등에서도 필요하기 때문에 국제화시켜서 규모를 확대할 수 있다. 이를 통해 해양대학의 학생 수를 줄이면서도 당분간 학교의 규모는 그대로 유지할 수 있을 것이다.

경상북도가 안동대학교의 글로컬 선정에 큰 기여를 했다고 한다. 바로 이러한 연구교육기능을 가진 경상북도 산하단체 7개를 경상북도가 안동대학에 이관했다. 이것으로 인하여 안동대학이 높은 점수를 받았고 글로컬 10개 대학에 선정되었다는 것이다. 이를 벤치마킹해야 한다.

이렇게 중앙정부나 지방정부가 가지는 해운물류분야의 연구와 교육기능을 해양대학에 얼마간 이양하고 공동으로 경영한다는 계획을 글로컬 신청서에 넣으면 좋은 점수를 얻을 수 있을 것으로 본다.

해사산업계의 발전방향에 맞는 교육과 연구를 제공해야

글로컬 대학은 지역과의 연계성을 필요로 한다. 전체 산업계에 필수 불가결한 존재임을 대학이 보여주어야 존립된다.

해운물류, 조선업은 현재 큰 변혁기에 있다. 그 변혁기에 산업의 변화에 걸맞는 교육제도를 가지고 운영하면 글로컬에 꼭 필요한 대학이 되는 것이다. 해양대학이 위치하는 부산과 목포는 선박이 입항하고 물류의 흐름이 있고 선박과 해양플랜트 및 풍력발전이 제작되는 곳이다. 또 이들 운송수단을 가지고 영업을 하는 중심지이기도 하다. 이 기능에 크게 기여하면 글로컬사업의 목적에 맞는 것이다.

자율운항선박 제3단계에서는 현재와 달리 육상의 원격운용센터에서 원격조종자들이 선박을 관리하고 지시한다. 이들은 항해, 기관, 조선, 항해술, 법학 등의 지식을 갖추어야 한다. 이런 기능에 맞춘 특별한 교육을 받아야 한다. 조선소의 교육팀의 팀원들도 원격조종자들이 될 수 있다. 해기교육을 특별히 받아야 한다.

장차 선박대여업(선주업)은 우리나라에서 크게 성행할 전망이다. 선박만을 소유하면서 세계 각국에 선박을 빌려주고 임대료를 받는 사업이다. 그리스와 일본에서 성행한다. 선원들이 없어서 운항하기가 곤란하게 되면 우리나라는 선원은 책임지지 않는 선주업을 영위하면서 수입을 얻을 수 있다.

선주업에는 선박관리가 동반된다. 500척이나 1,000척의 선박을 관리하는 대규모 선박관리회사가 부울경과 목포에서 설치되어 운영될 것이다. 자율운항선박의 3단계에서는 세계 어디에서나 인공위성을 통하여 선박의 관리가 가능하다. 이들 회사에 근무할 사람은 법학, 경영학, 해기, 선박안전, 조선학, 통신, 4차 산업혁명 등의 교과를 이수해야 한다.

양 해양대학이 이런 교육수요 및 인재배출수요를 충족시켜 주어야 한다. 다른 대학은 이런 기능을 할 수 없다. 장차 선주업 및 선박관리업은 부산, 울산, 서울 등에서 전세계를 상대로 뻗어나갈 수 있다. 이런 사람들을 교육시켜야 한다. 조선소 출신이 선박원격조종자가 되고자 하는 경우 3학년에 학사편입시켜서 2년간 교육으로 해기면허를 취득하게 하는 것이다. 해기사들도 법학, 경영학, 인사관리 등의 교육을 받아야 한다. 이들을 위한 대학원 과정을 둘 수도 있을 것이다.

이런 과정을 글로컬 신청서에 넣으면 좋은 점수를 받을 수 있을 것이다.

1인 2역을 하는 인재를 배출하는 교육프로그램을 개발해야

학교를 통합하지 않더라도 더 우수한 학생을 배출해내는 기획을 해야 한다. 이제는 매년 태어나는 인력이 50만명에서 25만명으로 줄어든다. 한 사람이 두 사람의 몫을 해내지 못하면 우리나라는 지금까지 이룬 경제규모가 반토막이 날 것이다. 그만큼 한 사람이 더 효율적으로 일을 처리하고 더 많은 지식을 가져야 한다. 대학이 그런 기능을 학생들에게 배양시켜야 한다.

대학의 교육도 수월성이 있는 대학에서 더 잘 교육받아야 할 것이다. 1학년은 교양과정위주의 수업을 한다. 더 나은 교양과정 프로그램을 가진 대학과 본교의 교양과정 프로그램을 공유하면서 학생들을 더 우수하게 길러내는 것이다.

우리 해양대학들은 특수대학인 만큼 일반대학의 해양학과, 물류학과, 조선학과들의 학생을 3학년에 받아서 승선실습도 시켜주고 잘 갖추어진 특성화 교육을 시켜주면 될 것이다.

해기사들이 이제는 장기간의 휴가를 가진다. 휴가기간 중 장래 해운회사 조선회사에 간부로 성장하기 위하여 법학이나 경영학 석사과정에 다닐 수 있도록 기획을 하면 어떨까? 졸업생들이 서울에 위치하는 해운회사에 근무한다면 그들이 야간에라도 석사과정을 마칠 수 있도록 해양대학들은 졸업 후에도 학생들을 관리하면 좋을 것이다. 학부졸업생들이 선호하는 서울의 대학과 해양융합특수대학원을 조인트로 만들어가야 한다. 다른 대학과 달리 해양대학들은 평생 동안 해양교육을 시키는 학교가 되는 것이다.

장차 해양분야나 조선분야에서 인력을 구하고 유지하기도 어렵기 때문에 이런 기획을 하면 글로컬 사업에서 높은 점수를 받을 것이다.

해양대학은 진정한 의미에서 글로벌화된 대학이 되어야

글로컬 대학이란 글로벌화된 대학이어야 함을 의미한다. 해양대학들만큼 글로벌화가 많이 된 학교가 없다. 선박과 해운과 물류 그리고 조선은 모두 외국과의 무역을 대상으로 한다. 학문분야 및 교육분야도 글로벌화되어 있다. 그러나 현재보다 더 글로벌이 되어야 한다.

하계와 동계에 해양관련 분야 외국학생들을 불러와야 한다. 특성화된 해양교육을 시켜주어야 한다. 우리 학생들도 외국에 나가서 공부할 기회를 제공해야 한다.

해기사 배출교육도 외국의 학생들을 데리고 와서 교육을 시킨 다음 해기사로 양성시켜 줄 수 있다. 교육에 대한 대가는 받아야 한다. 자급자족이 된다. 연구기능도 강화하여 세계 모든 국가의 해운물류, 조선분야 연구를 해줄 수 있어야 한다.

이런 기능은 국내 어떤 대학도 할 수 없는 분야이다. 한국해대와 목포해대만이 할 수 있는 기능이다.

양 해양대학의 협력방안 – 통합기구의 설치

글로컬 대학 선정을 위해서 두 개의 대학이 통합하는 것이 기본이라고 한다면 한국해대와 목포해대가 하나 되는 것이 가장 자연스럽다. 혹자는 부산지역은 부산에 있는 대학과, 전남지역은 전남에 있는 대학과 합쳐야 글로컬 대학 선정에 맞는다고 한다. 동일한 특성화 대학이 하나로 합쳐서 장차 인구감소에 대처하면서도 지역의 발전에도 도움이 되는 방안을 제시하는데 이를 부정적으로 볼 이유는 없다고 본다.

지역적으로 멀다는 것이 장애요소이다. 그렇지만 캘리포니아나 텍사스의 주립대학처럼 한국해대와 목포해대를 관장하는 상위기구(가칭 통합기구)를 두고 해양특성화대학의 구조조정과 경쟁력을 갖추어가는 기능을 한다면 글로컬 대학에서도 좋은 점수를 받을 수 있지 않나 생각한다. 이 방안대로 한다면 현재처럼 두 학교의 기구는 그대로 존치된다. 두 명의 총장이 그대로 있는 것이다.

3학년 때 이루어지는 실습은 선박을 이용하는 것이라서 지역적으로 두 학교가 떨어져 있는 것이 장애요소가 될 수 없다. 학생이 부산으로 목포로 오고가는 것이 아니라 실습선이 이동하면 되는 것이다. 이 통합기구에서 볼 때 전체적으로 실습선의 숫자가 많다면 줄여서 예산을 비축할 수 있게 된다. 또는 외국대학이나 정부 혹은 기업의 실습수요에 맞추어 실습선을 제공하여 수입도 올릴 수 있게 된다.

한 학교는 학부교육에 집중하고 다른 학교는 대학원 교육과 재교육에 집중하는 역할 분담도 가능할 것이다. 이 경우는 지리적으로 먼 것은 아무런 장애사항이 안 된다.

양 대학이 스스로 이러한 통합기구 안에 들어가서 구조조정을 하고 해기교육 및 해양특성화 교육에서 수월성을 가져오겠다고 한다면 교육부와 글로컬에서도 환영할 것이다.

어쩌면 이러한 통합기구의 설치와 운영은 현재 해운과 조선분야가 직면한 인력의 양성과 확보에 대한 나아갈 방향이라고 볼 수 있을 것이다. 그 통합기구는 해사고등학교의 운영, 오션폴리텍 운영 등 전반적인 해기인력의 공급과 해양전문가 양성에 통섭적인 기능을 발휘할 수 있을 것이다.

나가며

한국해대와 목포해대는 해기사교육을 목표로 만들어진 학교이다. 교육기능을 하는 관계로 교육부 산하에서 교육정책의 영향을 받는다. 해기교육만 하는 학교가 아니기 때문에 교육부 산하에 있는 것이 맞다고 본다. 교육부의 각종 심사나 평가에서 예외를 인정받으면 좋지만 쉽지가 않다. 앞으로 학생 수가 줄어들면 더욱 더 예외 인정은 쉽지 않을 것이다.

바다와 조선산업의 현장에서 일하는 직업군은 선호받지 못하는 경향에 있기 때문에 해양대학이 학생을 끌어오기는 쉽지 않다. 해양산업을 영위하기 위해서는 영속적으로 인재 배출이 되어야 한다. 어떻게 해양대학에 학생들을 불러올 것인가? 이미 우리나라 대학은 서열화가 되어 있어서 일반종합대학과 해양대학이 경쟁해서 이길 수가 없다.

우리는 70년 이상 선배들이 해둔 해기교육과 해양산업을 바탕으로 하는 특성화된 학교라는 전통을 이어나가는 방법밖에 없다. 지금보다 더 전문적으로 해기교육과 바다산업의 종합교육기관임을 널리 인정받아야 한다. 국내 다른 교육기관은 비교할 대상이 없고 그 지향점도 세계를 향해 두어야 한다. 교수들의 강의수준과 연구수준도 세계최고임을 보여 주어야 한다. 해양산업에 특성화되면서도 변화하는 바다산업의 환경에 발 빠르게 대처하는 교육과 연구에 대한 기획을 해서 글로컬 대학에 선정되길 바란다. 이런 기획과정에 필자가 제안한 내용들 중에서 8개 항목 전부는 아닐지라도 일부라도 참고가 되었으면 한다.

제 4 장

나의 해상법 30년*

이 칼럼은 필자인 김인현 교수가 9월 4일 고려대 CJ법학관에서 개최된 정년기념강연에서 사용한 원고를 해운신문 독자를 위해 축약 보완된 것임을 알려드립니다.

연구업적

필자는 1999년에 목포해양대학교 교수가 되면서 본격적인 연구자의 길을 걷게 되었다. 185편의 학술논문을 내놓았다. 이 중에서 SSCI가 12편 SCOPUS지가 5편이다. 교수생활이 25년이므로 매년 7~8편 정도 작성했다는 이야기이다. 다른 교수들보다도 논문 숫자가 2~3배 정도 많다. 학술진흥재단에서 피인용지수를 발표할 때 두 번이나 1위를 차지했다. 이는 필자가 앞선 연구를 많이 해서 후학들이 필자의 논문을 많이 인용한 결과이다.

* 한국해운신문, 2024.9.9.

남들보다 열심히 연구하고 강의한 이유는?

32살 때 선장으로 일하다가 선박 사고가 났다. 배가 침몰하는 사고였는데 1년 6개월 동안 집에 있으면서 정신요양도 했다. 마지막에 호주 법원에 가서 소송을 하게 됐다. 소송을 마치고 아시아나 비행기를 타고 김포공항에 내렸다. 창 옆에 앉았던 필자는 착륙하는 순간 기장이 최선을 다하는 모습을 보게 되었다. 날개를 위로 세우고 후진 기어를 넣는데 그 순간 기장이 자기가 할 수 있는 최선의 노력을 다하고 있다는 생각이 들었다. 조금 잘못하면 비행기가 활주로를 벗어나게 되고 큰 사고가 나기 때문에 기장은 초긴장을 하면서 최선을 다한다는 것을 깨달은 것이다.

내가 선장을 하면서 매사에 기장처럼 최선을 다했다면 그런 사고는 나지 않았을 것이라고 생각했다. 그래서 앞으로 삶을 살아가면서는 기장이 하는 것과 똑같이 정말 내가 할 수 있는 최선을 매사에 다할 수 있는 그런 사람이 되어야겠다고 결심했다.

지금까지 교수 생활을 하면서 매번 주어진 일을 할 때는 그때 기장이 하던 것과 같은 그런 태도로 열심히 성실하게 시간을 많이 들여서 해왔다. 좋은 결과가 나와서 이렇게 명예롭게 정년퇴임을 하게 된 것 같다.

또 하나 에피소드가 있다. 마찬가지로 사고 경험인데 워낙 큰 사고가 났기 때문에 무기력하게 집에 있어야 했다. 그런데 회사에서 침몰한 배를 말소시키기 위해서 말소 등기를 해야 된다고 등기부에 서명해서 보내라는 연락이 왔다. 그런데 필자는 몇날 며칠 그 서류를 두고 꼼짝을 하지 못했다. 그러다가 겨우 집사람 손을 잡고 밖으로 나갔는데 경찰차가 지나가는 걸 보고 놀라서 나도 모르게 몸을 숨겼다.

겨우 서명을 해서 회사에 서류를 보냈고 회사는 그 배를 말소했다. 그 뒤에 정신이 들어 뒤돌아 보니 그 당시가 얼마나 부끄러운지 몰랐다. 내가 정신이 있고 육체가 있고 어떤 일을 할 수 있다는 것은 정말 축복받은 상태가 아닌가? 그 당시에 필자는 육체만 있었지 정신적으로 아주 낮은 상태였기 때문에 아무런 일도 할 수 없는 그런 상태였다. 그런데 교수가 학생들을 위해 강의도 하고 논문도 쓰고 사람을 만날 수 있다는 건 정말 축복받은 것이다. 이렇게 생각하고 저한테 주어진 순간순간이 모두 소중하고 고맙게 느껴졌다. 그래서 더 열심히 하게 된 것이다.

해상법의 기능 : 산업을 육성하는 기능

필자는 고려대학, 김앤장 법률사무소에 근무하면서 상법은 분쟁해결 수단이라고 배웠고 강의도 물론 그렇게 한다. “이런 사례가 있으면 이런 법률규정이 적용되어서 이런 결과가 난다”는 식의 강의가 이루어진다. 몇 년을 이렇게 강의를 하고 또 연구하면서 느낀 것은 해상법이 우리 해운산업에 꼭 필요한 것이어야 하는데, 분쟁을 해결하는 데만 필요하다고 하니까 쓸모가 거의 없는 그런 학문이 된다는 것을 알았다. 분쟁이라는 것이 어떤 회사에 1년에 한 번 일어날까 말까 한 것이기 때문이다. 그러니까 해운업계가 해상법에 관심이 없게 된다.

해상법이 해운산업을 도와주는 기능이라는 것은 거의 없다고 느껴졌다. 그래서 필자는 “이게 아니다. 해상법은 반드시 분쟁 해결수단으로서만 존재하는 게 아니라 우리 해운산업을 육성시키고, 촉진시키고, 진흥시키는 기능이라는 게 반드시 있어야 되는 것”이라고 생각했고 그 방법이 찾아왔다.

어느 날 강의를 하다 보니 20톤 이상의 선박은 질권의 대상이 아니라 저당권의 대상이 된다는 상법규정을 보게 되었다. 필자는 무릎을 쳤다. 아 그렇구나! 선박은 동산이기 때문에 질권의 대상이 돼야 된다. 돈을 빌려준 은행이 자기가 선박을 수중에 갖고 있어야 되는 것이다. 그렇게 되면 선주는 선박을 사용하지 못하게 된다. 그러니까 선박이 원래 필요했던 효용이 없어져 버리는 것이다.

그래서 선배들은 선박은 질권의 대상으로 할 수 없고 저당권을 대상으로 할 수 있다고 하면서 선박 등기부를 만들었다. 선박으로 돈을 빌리면서도 여전히 선주가 배를 사용할 수 있도록 한 것이다. 이 규정이 없으면 어떻게 되겠는가? 선박은 질권의 대상이 되고 모두 은행이 선박을 갖고 있기 때문에 그 물건의 운송에 사용이 되지 않는 것이다.

이것이야말로 해상법이 산업을 육성시키고 촉진시키는 대표적인 상법 규정이라고 생각한다. 이런 규정을 많이 만드는 것이 우리 해상법의 목표가 돼야 된다고 필자는 생각했다. 필자는 어떤 어려움이 있는지 해운산업의 육성과 안정을 위해 우리 해상법이 해결해야 할 내용은 어떤 것이 있는지 산업계를 찾아다녔다. 그래서 하나씩 하나씩 그 해결책을 가지고 칼럼을 쓰기 시작했다. 한국해운신문에는 105번 칼럼을 썼다. 조선일보, 매일경제, 중앙일보 등에도 관련된 칼럼을 많이 쓰게 되었다. 그것이 바다산업의 육성과 발전을 위해 칼럼을 쓰게 된 동기다.

우리 해상법의 그런 산업을 육성하고 촉진하는 기능을 극대화시키기 위해 해상법을 탐구하면서 교수 생활 15년을 보냈다. 해상법은 분쟁 해결 수단에 더해서 산업을 촉진하고 육성하는 것이어야 한다는 학문적인 입장을 필자는 가지고 있다. 앞으로도 필자는 우리 해상법이 해운산업 또 바다 관련된 산업, 조선산업을 촉진시키고 육성시키는 그런 기능이 더 극대화되도록 최선의 노력을 다하겠다.

기록하고 싶은 연구성과

정기용선계약의 법적 성질

정기용선의 대외적인 책임규정이 우리 상법에 없기 때문에 논란이 많이 되었다. 선체(나)용선계약에서는 선체용선자가 선박운항과 관련하여 선박소유자와 동일한 권리와 의무가 있다고 한다. 선체용선자가 만든 채무도 선박우선특권을 발생시킨다는 점에서 마찬가지이다. 정기용선계약에는 이런 규정이 없다. 그래서 과연 상법 제850조 제2항을 준용할 수 있을지가 문제되었다(정기용선자가 발생시킨 채권의 선박우선특권 성립여부, 상사법연구 제37권 제2호, 2018).

예선 선주가 선박의 접안에 예선서비스를 제공했지만 예선료를 받지 못했다. 선박우선특권을 근거로 선박 임의경매에 들어갔다. 하급심 판결은 선박우선특권이 물권임에도 상법의 규정이 없기 때문에 불가하다고 판시했다. 필자는 한국해법학회지에 비판적인 글을 작성했다. 정기용선계약의 법적 성질이 상사사항과 관련해서는 선체용선계약과 유사하므로 상법 제850조 제2항을 준용할 수 있다고 주장했다. 대법원은 이를 참고하여 정기용선자가 발생시킨 채무에 대해서도 선박우선특권을 인정해주게 되었다.

상관습법

상법전은 상법에 규정이 없으면 상관습법에 의한다고 정한다. 거래계에서 반복되는 사실이 있고 거래계에서 법적 확신을 가지게 되면 상관습법이 된다. 그런데, 상관습법인지는 법원의 판단을 받아야만 알 수 있다. 필자는 법원이 상관습법인지 판단시에 활용할 자료를 제공하자는 생각에 이르렀다. 그래서 100여 명에게 설문지를 돌려서 상관습법에 이른 것들을 찾게 되었다. 2년여 연구 끝에 저스티스에 글을 발표하게 되었다(해상거래에서 상관습에 대한 연구, 저스티스 제199호, 2023). 인도지시서의 발행, 컨테이너 운송에서 운송인이 박스를 제공하는 것, 공동해손에서 YAR을 사용하는 것 등이 이에 해당한다.

선박충돌 과실비율산정

선박충돌은 불법행위이다. 연대책임이지만 우리 법은 충돌조약의 입장을 받아들여 물적 손해는 분할책임으로 하고 있다. 그래서 과실비율은 대단히 중요하다(선박충돌 과실비율과 해양안전심판 재결과의 관계에 대한 고찰, 법조, 2003.7).

과실비율은 항법에서 정한 주의의무의 정도에서 도출된다. 충돌사건을 보면 과실비율이 들쭉날쭉했다. 필자는 이에 대한 애정을 가지고 텍사스대학에 유학을 가기에 이르렀다. 로버슨 교수도 규격화가 안 된다고 했다. 귀국한 필자는 이를 주도하여 중앙해양안전심판원의 심판관들과 함께 원인제공비율 산정 지침을 만들게 되었다. 현재에도 유용하게 사용되고 있다. 전세계적으로 유일한 지침이다.

홍콩대학 법과대학에서의 발표와 SSCI논문 게재

SSCI 논문을 가지는 것은 법학자로서는 쉽지 않은 일이다. 필자는 운이 좋았다. 홍콩대학의 지인인 펠릭스 챈 교수와 연락을 해서 세월호 사고에 대한 발표를 하게 되었다. 홍콩대학 법대의 강당을 가득 메운 청중들이 질문도 많이 했다. 이 발표를 위해 홍콩대학에 10일 머물면서 자료 수집도 했다. 자연스럽게 홍콩 로 저널에 논문을 발표하게 되었다(The Sewol Accident and its Legal Implication, Hong Kong Law Journal, Vol. 45-2). 그 뒤 한진해운 사태가 발생해 동일하게 홍콩대학에 가서 발표한 다음에 논문으로 게재가 되었다(Hanjin Shipping's Rehabilitation and its Legal Implication, Vol. 47-3). 잊을 수 없는 홍콩대학과의 추억이다.

해운법의 독자성이 인정됨

최근 동남아 정기선사에 대한 과징금 사건에서 해운법의 독자성을 인정받았다. 공정거래위원회가 동남아 정기선사들에게 과징금을 부과했다. 이에 해운법 제29조와 공정거래법 제49조의 관계가 문제되었다. 필자는 역사적인 접근을 해보았다. 1960년대부터 해운법이 경쟁법적인 규정을 가지고 있었다는 점을 발견했다. 공정거래법은 1980년에 만들어졌고 1978년에 운임공동행위 규정이 해운법에 들어간 점을 부각시켰다.

서울고등법원은 금년 2월 해운법 제29조의 독자성과 완결성을 인정해주었다. 정기선사의 공동행위는 공정거래법의 적용을 받지 않고 해운법의 적용만 받는 것으로 되었다. 꼼꼼하게 개정 과정을 찾아보고 이를 논문에 반영한 결과라고 할 것이다. 필자의 자랑스런 연구결과의 하나이다(해운법 제29조와 공정거래법 제48조의 관계와 개선에 대한 연구, 한국해법학회지 제43권 제2호, 2021).

결 어

해상법을 전파하고 자발적으로 연구하는 해상법 교수가 많아져야 해상법 강국이 된다. 해상법 교수와 연구진이 많아져야 한다. 교수나 연구원이 자신의 주제를 가지고 깊이 연구해야 산업계에 도움이 된다. 그리고 영어로 된 저술들이 나와야 한다. 그래야 한국의 해상법을 외국인들이 알게 된다.

채이식 교수의 뒤를 이어서 해상법 교수가 된 필자로 하여금 다시 후계 해상법 교수를 뽑아주신다고 결정하신 고려대 로스쿨 교수님들께 정말 감사하다는 말씀을 드린다. 이 결정이 우리 해운·물류·조선·수산산업계에도 크게 도움이 될 것이다.

언제나 훌륭한 연구 테마를 제공해주신 해운업계, 조선업계, 물류업계, 수산업계 사람들, 최고위과정과 바다공부모임에서 바다 지식 수준을 높이기 위해 뜻을 같이 해오는 회원님들께 감사드린다. 해상법 실무를 가르쳐주신 김앤장 정병석 · 이진홍 변호사님과 세경의 최종현 · 김창준 변호사님, 고려대학교 채이식 · 이기수 · 정찬형 · 정동윤 · 김정호 · 최영홍 교수님, 동료 교수인 박세민 · 김태진 · 신현탁 교수님께 감사한다.

필자는 "저와 같이 면단위 고등학교에 선원 출신이라도 명문 고려대 법대의 교수가 될 수 있다. 열심히 하여 업적을 내면 우리 사회는 인정을 해주고 끌어준다. 실망하지 말고, 열심히 살아라"고 실의에 빠진 젊은이들에게 말해주곤 한다. 또 한번 사고가 난 선장이라도 얼마든지 극복할 수 있는 기회가 인생에 주어지는 것이다. 좋지 않은 일을 당했어도 와신상담하면 이를 극복하고 다시 새로운 인생을 살 수 있다.

남들보다 더 열심히 해상법을 연구하고 강의하게 하여 명예로운 정년에 이르도록 한 것은 숙명이 된 바다와 선장(captain) 타이틀이 주는 책임감, 사명감이었다. 해양강국을 만들기 위해 뜻을 같이 해온 부산항을 사랑하는 시민 모임 박인호 대표님, 장금상선 정태순 회장님을 비롯한 해운, 물류, 조선, 수산분야의 선배님, 동지들의 도움도 많았다. 그리고 바다를 삶의 뿌리로 하고 있는 고향 영덕과 그 사람들, 그리고 많은 것을 희생해준 사랑하는 가족들이 있었다. 15년 6개월간 고려대학교 교수로 있었던 시절 고려대학교는 큰 울타리가 되어 필자와 가족들을 지켜주었다. 정말 행복했고 고맙다. 앞으로도 이를 잊지 않고 고려대학교에 도움이 되도록 하겠다.

제 5 장

화공 300회 기념 모임 다녀와서*

한 통의 이메일을 받았다. '화공'(화요일에 공부하는 모임) 300회 기념 모임을 경상북도 도청에서 하려 하는데 참석이 가능한지 문의하는 내용이었다. 제97회에 참석하면서 기분 좋은 인상을 가진 나는 망설임 없이 참석하겠노라고 답했다.

저녁 만찬 모임은 9월 23일, 락고재에서 개최됐다. 초청된 화공 강사 34인과 경북도 관련자들이 참석했다. 환영 인사말에서 이철우 도지사는 화공을 시작한 이유를 설명했다. "우리나라는 기업이 이끌고 간다. 기업이 하는 말을 모르면 안 된다. 감옥 가는 일이 아니라면 기업을 도와주어야 한다. 기업과 대화하기 위해서도 공무원들이 알아야 한다"고 했다. 도지사 취임하자마자 화요일 아침에 각 분야 전문가를 모셔 강의를 듣는 시간을 갖기 시작했다는 것이다.

어느덧 매주 화요일 공부하는 화공이 300회를 맞이했다. 7년의 세월이 흘렀다. 정작 한 번도 결석하지 않은 사람은 이철우 지사다.

* 매일신문, 2024.9.26.

70%가 과학과 관련된다. 새로운 기술혁신이 일어나는 것을 재빨리 공무원들이 파악해 신사업을 일으켜서 효과를 보고 있다. 보수적이고 농업 중심인 경북이 새로운 기술에 기반한 과학 중심지로 변화하고 있다. 안동에는 바이오산업이, 경주에는 소형모듈원전(SMR) 국가산단이 들어선다. 이들 사업은 화공 강사들의 강의로 다져졌다. 저녁 식사 모임에서도 이 지사는 울릉도를 작은 싱가포르로 만들자는 계획에 대해 설파했다. 울릉도의 심층수 개발과 고로쇠물의 상품화도 언급했다.

제300회 기념 특강 강사로는 이명박 전 대통령을 모셨다. 청계천 공사를 성공적으로 이끈 예를 들었다. 공무원들이 진심으로 일하기 시작하면서 공사에 반대하는 시민들을 설득했고 사업이 완성됐다는 것이다. “지도자 혼자 안 된다. 공무원이 하겠다고 중심을 잡고 달려들면 할 수 있다”고 하면서 이 나라가 이렇게 잘된 중심에는 열심히 일한 공무원이 있다고 칭찬했다. 어려움이 있더라도 지도자는 신념을 갖고 헤쳐 나가야 한다고 강조했다.

“위기는 극복 불가능한 것이 아니라 가능한 범위 내에 있다”는 등 울림이 큰 명연설을 했다. 화공의 주인공들은 공부의 대상인 공무원들이다. 그들에게 초점을 맞춰 경험을 바탕으로 말하니 설득력 있고 특유의 유머가 가미돼 품격 높은 축하 강연이 됐다.

200회에서 300회 강의를 담은 ‘화공 굿모닝 특강 강연집 Ⅲ’(201~300회)에 주요 참석자들이 서명하는 퍼포먼스도 개최됐다. 떠나는 우리에겐 3권의 책이 들려 있었다. 1회에서 100회의 제1권, 101~200회까지의 제2권, 오늘 서명한 제3권까지. 이렇게 출판물로 만들어 배포하니 자료집으로서 가치가 높다. 다른 모임에서 찾기 힘든 일로 참신하다.

이번 행사에 참여한 강사는 34명이지만 총 300명의 강사도 경북도로서는 큰 재산이다. 미래학자, 의사, 환경보호가, 벤처기업가, 경제학자, 헌법 교수, 선장 출신 해상법 교수 등 다양한 전공 분야의 최고의 분들이다. 이들 전문가들이 네트워킹해 경북도정에 도움이 되도록 활용됐으면 좋겠다.

“경북의 힘으로 새로운 대한민국”, “화공 특강 K－미래를 열다” 등 슬로건이 책자 표지에 적혀 있다. 이철우 도지사가 시작한 경북의 화공이 전국으로 확산해 우리나라 공무원을 포함한 전 국민의 지식 수준이 높아져 대한민국의 미래 발전에 이바지하길 바라는 마음이 가득하다.

제 6 장

공정위 과징금 부과처분 취소한 고법판결과 후속조치*

들어가며

2022년 동남아 정기선사들이 공정거래위원회로부터 엄청난 금액의 과징금을 부과받고 해운업계는 이의 부당함을 알리려고 노력했고 그 결과가 다행히도 좋게 나왔다. 서울고등법원(서울고법 2024. 2. 1. 선고 2022누43742 판결)에서 해운법의 경쟁법에 대한 독자성을 인정해준 것이다.

정기선분야에서 운임의 공동행위는 해운법에 의해 원칙으로 인정되고 해양수산부의 관할이고 규제도 해양수산부가 해야 한다는 것이다. 이제 대법원의 최종판결을 기다리고 있다. 고등법원의 판결과 같이 확정될 수도 있고, 파기환송될 수도 있다.

왜 공정위는 자신이 규제권한이 있다고 그런 오해를 낳았는지

* 한국해운신문, 2024.10.11.

그리고 해수부는 왜 적극적으로 권한쟁의를 하지 않았는지... 이런 일들이 더 이상 벌어지지 않도록 후속조치를 생각하고 말끔하게 처리해야 한다. 고등법원이 그러한 판결에 이른 논리와 대법원에서의 쟁점이 될 사항 그리고 후속조치에 대해 알아본다.

사실관계

원고는 외국의 정기선사로 한국에서 컨테이너 운송업을 하고 있다. 2022.4.11. 국내 선사와 함께 공정거래위원회로부터 과징금을 부과받았다. 피고인 공정거래위원회가 원고에게 과징금을 부과한 근거는 아래와 같다.

1. 해상화물운송 사업자들은 2003.12.~2018.12.까지 한국－동남아 항로에서의 해운동맹을 위한 단체인 D단체 및 C단체 내 회의를 통하여 120차례에 걸쳐 한국－동남아 항로에서 컨테이너를 통하여 화물을 운송하는 서비스의 가격을 합의하고 이를 실행하는 공동행위를 했다.

2. 이 사건 공동행위가 해운법에 따른 정당한 행위에 해당한다면 구 공정거래법 제58조에 의해 공정거래법의 적용이 제외될 수 있다. 그러나 이 사건 해상화물운송업자들은 위 120건의 합의를 해양수산부 장관에게 신고하지 않았고, 합의한 운임 등 운송조건에 관하여 화주단체와 협의하지도 않았는바, 이 사건 공동행위는 해운법 제29조 제2항의 신고의무 및 제6항의 협의 의무에 위반된다. 결국 이 사건 공동행위는 해운법에 따른 정당한 행위가 아니라 할 것이므로 공정거래법이 적용된다.

3. 이 사건 공동행위는 운임을 공동으로 결정유지 또는 변경하는 가격담합으로서, 한국－동남아 항로 컨테이너 해상화물 운송서비스 시장의 경쟁을 부당하게 제한하였다. 따라서 이 사건 공동행위는

구 공정거래법 제19조 제1항 1호에서 정한 부당한 공동행위로서 위법하다.

공정거래위원회가 이를 근거로 과징금을 부과하는 처분을 하자 이는 위법하므로 취소하라는 취소소송을 원고는 서울고등법원에 제기했다.

원고는 해운법 제29조 제5항 단서는 외항 화물운송사업자들의 공동행위가 부당하게 경쟁을 실질적으로 제한하는 경우 해양수산부장관이 필요한 조치를 명하고, 이를 피고에게 통보하도록 규정하고 있는바, 설령 이 사건 공동행위에 경쟁법적 문제가 있다 하더라도, 이를 규제할 권한은 피고가 아니라 해양수산부장관에게 있다고 주장했다.

한편, 피고는 (i) 이 사건 외항 화물운송사업자들은 18차례의 RR(Rate Restoration)협약만을 신고하였을 뿐, 120차례의 AMR(Agreed Minimum Rate)협약은 신고하지 않았는바, 해운법 제29조 제2항에서 정한 신고 의무를 위반하였고, 나아가 해운법 제29조 제6항에서 정한 화주단체와의 협의의무도 위반하였는바, 이 사건 공동행위는 해운법에 따른 정당한 행위라고 할 수 없으므로, 이에 대하여는 공정거래법이 적용되어야 한다. (ii) 해운법 제29조 제5항 단서는 해양수산부장관으로 하여금 필요한 조치를 명할 경우 그 내용을 피고에게 통보하도록 하고 있는바, 이는 피고에게 외항 화물운송사업자들의 공동행위가 공정거래법에 위반되는지 여부에 관하여 심사할 수 있는 권한이 있음을 전제로 하는 것이므로, 피고는 이 사건 공동행위를 규제한 권한을 가진다.

고등법원의 판시내용

원고는 규제 권한의 소재를 중심으로 주장하고, 피고는 공정거래법의 적용제외 여부를 중심으로 주장한다. 피고에게 규제할 권한이 없다면, 즉 공정거래법의 적용이 제외되는 경우라면 나머지 점에 관해서 더 나아가 살필 필요 없이 이 사건 처분은 위법하다.

해운법 제29조의 해석: 해양수산부장관의 규제권한

해운법 제29조의 규정을 종합하면, 외항 정기 화물운송사업자들의 경우 원칙적으로 운임에 관한 공동행위를 하는 것이 허용되나, 그 공동행위에 따라 결정된 운임이 지나치게 높아 부당한 경우 해양수산부장관은 이를 시정하기 위한 조치를 할 수 있고, 위 조치를 한 경우 해양수산부장관은 사후적으로 공정거래위원회에 이를 통보해야 한다. 즉 외항 정기화물운송사업자들의 운임에 관한 공동행위는 해운법에 따른 정당한 행위로서 원칙적으로 공정거래법의 적용이 제외되고, 설령 그 공동행위에 따라 결정된 운임이 필요한 정도를 넘어 지나치게 높아 부당하다 하더라도(해운법에 따른 정당한 행위로 볼 수 없는 경우에도), 이를 규제할 권한은 해양수산부장관에게 있으므로, 결국 이 경우 공정거래위원회가 구 공정거래법 제58조에 의한 적용제외가 인정되지 않는다는 이유로 규제권한을 행사할 수는 없다.

해운법의 입법 연혁

최초의 규정은 구 해상운송사업법이 1978.12.5. 개정되면서 제7조의2를 신설한 것으로서, 외항 선박운항사업자들의 공동행위를 명시적으로 허용하되(제1항), 다만 그 공동행위의 내용을 해운항만청장에게 지체 없이 신고하도록 하고(제2항), 공동행위의 내용에 심히 부당하다고 인정되는 경우에는 해운항만청장이 필요한 조치를 하게 할 수 있다는 것이었다(제3항). 공정거래법은 1980.12.31. 비로소 제정되었다. 그에 따라 해상운송사업법과 공정거래법의 관계 내지 해운항만청장과 공정거래위원회의 규제권한 조정에 관하여 아무런 규정을 두고 있지 않았다. 해운법이 1995.12.29. 개정되면서 제29조 제3항 각호를 신설하였고, 이를 통하여 해운항만청장이 필요한 조치를 명할 수 있는 행위의 유형을 구체화했다. "부당하게 운임 또는 요금을 인상한 경우"와 "부당하게 운항을 감축한 경우"가 그중의 하나로 포함되었다. 한편, 독점규제 및 공정거래에 관한 법률의 적용이 제외되는 부당한 공동행위 등의 정비에 관한 법률(이른바 카르텔일괄정리법)이 1999.2.5. 제정되었으나 해운법상 공동행위는 문제삼지 않았다. 해운법은 1999.4.15. 개정되면서 (중략) 해양수산부장관이 이를 이유로 필요한 조치를 취하는 경우에는 그 내용을 공정거래위원회에 사후적으로 통보하도록 하는 규정을 신설하였는바(제29조 제3항 단서), 이 개정법이 별다른 변화 없이 현행법으로 이어지고 있다.

위와 같은 해운법 제29조의 입법연혁과 그 취지 및 공정거래법과 이른바 카르텔일괄정리법의 태도에 비추어보면, 입법자는 외항 정기 화물운송사업자들의 공동행위를 특별한 사정이 없는 한 원칙적으로 허용하고, 그것이 운임(가격)이나 운항횟수(공급량)를 과도하게 인상 또는 감축하는 등 부당한 경우에 한하여 예외적으로 규제하되, 이 경우에도 해운산업의 특성을 고려하여 그 규제권한은 공정거래법을 소관하는 공정거래위원회가 아니라 해운법을 소관하는 해양수산부장관에게 부여하고자 하였다 할 것이다.

해운법 제31조의2의 반대해석

2019년 신설된 제31조의2는 외항 정기 화물운송사업자가 해운법 제28조 제1항, 제29조의2 제1, 2항, 제31조를 위반하였다고 신고된 경우(제1, 2항), 해양수산부장관은 해상운송 시장의 건전한 발전을 해칠 우려가 있다고 인정되면 필요한 조치를 명할 수 있으나(제3항

본문), 다만 그 내용이 (중략) 다른 법률을 위반하였다고 판단되는 때에는 필요한 조치를 명하는 대신 관계부처에 신고의 내용을 통보해야 한다(제3항 단서). (중략) 제29조를 전혀 언급하고 있지 않은 바, 그 반대해석상 해운법 제29조 위반에 관해서는 위와 같은 규제 방식이 적용되지 않는다 할 것이고, 이는 결국 해운법 제29조에 관한 공정거래위원회의 일반적 규제권한을 부정하는 취지라고 보인다.

철도사업법, 항공사업법, 보험법 등과의 비교

위 법들은 모두 해운법과 달리 공동행위의 인가를 위하여 사전에 공정거래위원회와 협의하도록 규정하면서, 사업자들의 공동행위가 부당하게 경쟁을 제한하는 경우 이를 국토교통부장관이나 금융위원회가 직접 판단하여 규제할 수 있도록 하는 규정은 두고 있지 않은바, 이에 비추어 보더라도 해운법상 공동행위에 관한 규제권한은 해양수산부장관에게 있다고 봄이 타당하다 할 것이다.

어떤 법령이 자유경쟁의 예외를 구체적으로 인정하고, 나아가 허용된 범위를 벗어나거나 필요한 정도를 넘어 부당한 경우에 대해 이를 직접 금지하면서, 그 규제권한의 소재와 구체적인 규제의 방법 절차까지 별도로 정하고 있다면, 더 이상 공정거래법 제58조는 적용될 여지가 없다 할 것이다. (중략) 해운법 제29조에서 규정하고 있는 외항 정기화물운송사업자들의 운임에 관한 공동행위에 대하여는 해양수산부장관만이 배타적 규제권한을 가진다 할 것이고, 공정거래위원회에게는 이를 규제할 권한이 없다. 따라서 이와 다른 전제에 선 이 사건처분은 원고의 공동해위 가담 여부, 이 사건 공동행위의 경쟁제한성 내지 부당성 여부 등 그 나머지 점에 관하여 더 나아가 살필 필요 없이 위법하다. 피고가 2022.4.11. 의결한 처분 중 원고에 대한 부분은 모두 취소한다.

의 견

요 약

동남아 정기선사들의 공동행위가 공정거래법 위반이라고 하여 공정거래위원회가 원고를 포함한 동남아 정기선사들에게 과징금을 부과했다. 서울고등법원에서는 공동행위가 위법한지 여부를 떠나서 과징금을 부과한 공정거래위원회가 규제 권한을 가지는지에 대해 다투었다. 서울고등법원은 (i) 해운법 제29조의 법문의 해석, (ii) 입법연혁, (iii) 해운법 안의 다른 규정의 반대해석 등을 통해서 규제권한은 해양수산부가 가진다고 판시했다.

대법원에서의 쟁점– 해운이 독자성을 인정하는 단행법

경쟁법과 관련하여 일반법은 공정거래법이라고 할 수 있다. 예외 없는 법은 없다는 말이 있듯이 일반법에 대해서 특별한 규정이나 법률을 두는 경우가 많다. 이런 경우에도 통일적으로 규율되어야 한다. 이번 판결의 경우 정기선사의 운임공동행위는 의무, 제재의 권한을 가지는 자, 처벌규정까지 모두 해운법에 의한다고 하기 때문에 통일적인 적용의 관점에서 경쟁법 전공자들은 불편하게 느껴질 수 있다.

그러나 법제도의 생성과정에서 먼저 자리잡은 법제도가 있고, 그 법제도를 오랫동안 따르고 적용해온 수범자들의 입장이 무엇보다 먼저 고려되어야 한다.

해운산업에서 경쟁법 이슈는 해방을 전후해서 우리 해운산업에도 유입되어 1963년 법에 이미 그런 내용(운송인은 운송을 거부할 수 없다: 해상운송법 제12조)을 가지고 있었다. 유럽의 해운동맹과 국제조약에 영향을 받아서 1978년에 정기선사에게 공동행위가 허용되고 규제권한을 해운항만청장(해양수산부장관)이 가지는 규정을 두게 되었다. 공정거래법은 2년 뒤에 만들어졌다. 그 다음 입법으로 권한을 정리할 때인 카르텔일괄정리법에서도 특별한 조치가 없었기 때문에, 해운법에 따라 규제권한이 해양수산부장관에게 부여되어 있다고 법원은 본 것이다. 법원의 판단은 연혁을 바탕으로 수범자의 입장을 고려한 것으로 정당하다고 판단된다.

해운산업은 오랜 역사를 가지는 것이기 때문에 현재의 관점에서 일반법보다 먼저 존재한 것이라서 특별법의 형태, 나아가서는 독자적인 법제도(결국 병렬적이 됨)로 존재하는 것이 많다는 점을 강조하고자 한다.

선박우선특권제도

선박우선특권제도라는 물권법제도가 존재한다. 이것은 물건인 선박이 피고가 되는 제도이다. 선박은 영국에 있지만 그 선박의 소유자인 피고는 인도에 있는 경우 피해자를 보호하기 위해서는 선박을 피고로 할 수밖에 없는 사정에 의해서 대물(對物)소송이라는 것이 생겨났다. 우리 상법 제777조에 존재한다. 선박우선특권자는 등기 없이도 저당권자보다 우선하여 변제받는다. 영국에서는 대등한 두 개의 법원인 형평법원과 해사법원이 존재한다.

상법과 해상법

상인들에게 적용되는 상법이 있지만, 선박을 가지고 운항하는 상인인 해상기업에 적용되는 해상법이 상법 제5편으로 존재한다.

근로기준법과 선원법

일반 근로자들에게 적용하는 근로기준법이 있지만, 선박에 승선하는 선원을 위한 선원법이 따로 존재한다. 일반 근로자보다 선원을 더 보호하는 재해보상제도를 가진다.

국제사법

외국적 요소가 있을 때 적용하는 국제사법에서도 해상편이 따로 있다. 준거법은 선박의 국적인 선적에 의해 정해진다.

지상약관의 해석과 관련

대법원은 지상약관에 대해 준거법이 미국법으로 지정된 경우에도 일반적인 경우와 책임제한을 분리하여 준거법이 분할지정될 수 있다고 보았다(2018. 3. 29. 선고 2014다41469 판결). 이 판결은 법률의 적용을 수요자의 측면에서 판단한 것으로 이번 사건과 유사한 관점이다. 병렬적인 구조가 된다.

필요한 후속조치

해운법의 개정

서울고등법원에서도 지적했듯이 일본의 경우 정기선사의 운임공동행위에는 해상운송법이 적용되지만 몇 가지 사항은 공정거래법이 적용된다고 한다(일본 海上運送法 제29조의4). 우리는 입법연혁과 해운법의 법규정의 완결성이라는 측면에서 일본과 차이가 난다. 규제권한은 해양수산부가 가지는 것이라는 고등법원의 판결을 반영하여 "규제권한은 해양수산부장관이 가진다"는 명문의 규정을 두는 것이 좋다. 재판결과에 따라서는 일본과 같은 규정을 두어서 일부 규제권한을 공정거래위원회가 가지는 것으로 할 수도 있을 것이다.

규제제도의 강화

본 고등법원 판결에서 동남아 정기선사들의 행위가 위법한지 여부는 다투어지지 않았다는 점에 주의해야 한다. 앞으로는 조금이라도 이런 시비에 걸리지 않도록 해야 한다. 해양수산부도 규제권한을 가진다면 자신이 규제 권한자임을 명확히 하고 규제가 실효성이 있도록 만들어야 할 것이다.

해양수산부는 정기선사의 공동행위를 규제할 물적·인적 설비를 갖추어야 한다. 미국의 FMC에 유사한 기구와 제도의 운영이 필요하다. 현재 해운법에 의한 제제 수준이 공정거래위원회에서 부과하는 것과 비교하여 너무 낮기 때문에 이번 공정거래위원회의 개입을 불러왔을 것이라는 주장도 일리가 있으므로 이를 반영해서 더 강화해야 한다.

신고와 협의제도는 최소한 운송인과 화주사이에 대화를 하고 준비를 하라는 것인데 이것이 아무런 의미가 없는 것이 되어서는 아니 된다. 신고와 협의가 가능한 절차를 만들어 나가야 한다.

제 2 부

해운 물류

1. 글로벌 해사물류인력 고도화 및 선진화 전략 / (김인현 칼럼(95): 한국해운신문, 2023.6.7.)
2. 항만공사 사장이 법정구속된 산업안전보건법 사건 / (김인현 칼럼(96): 한국해운신문, 2023.6.11.)
3. 해운업계가 해야 할 일들: 현안 잘 처리해 세계 일류 되자 / (김인현 칼럼(98): 한국해운신문, 2023.8.24.)
4. HMM 매각 불발: 한국 원양 정기선사의 새로운 도약을 꿈꾸며 / (아주경제, 2024.2.28.)
5. HMM 재매각 서두르면 안 되는 이유 / (매일경제, 2024.3.18.)
6. 내항 해기사 양성과정 정부지원해야 / (김인현 칼럼(102): 한국해운신문, 2024.3.21.)
7. 미국 볼티모어 교량 붕괴사고에서 손해배상의 문제 / (김인현 칼럼(103): 한국해운신문, 2024.3.30.)
8. 달리호 사고가 우리에게 주는 시사점과 영향 / (김인현 칼럼(104): 한국해운신문, 2024.6.1.)
9. AI를 활용할 시 선박운항자의 손해배상책임 / (김인현 칼럼(105): 한국해운신문, 2024.6.28.)
10. 물류대란 원인, 외국 선사의존도 / (조선일보, 2024.7.9.)
11. 정통 크루즈 산업을 육성하자 / (부산일보 [오션 뷰], 2024.8.4.)
12. 선박등록제도, 변화가 필요하다 / (부산일보, 2024.11.3.)
13. 지정학적 · 법적 관점에서의 북극항로 현황과 미래전망 / (김인현 칼럼(108): 한국해운신문, 2024.11.12.)
14. 쇄빙기능 우리 선박으로 북극항로 상용화하자 / (매일신문, 2025.4.14.)
15. 해양인력 양성, 미국을 배우자 / (매일경제, 2025.4.15.)

제 1 장

글로벌 해사물류인력 고도화 및 선진화 전략*

본 칼럼은 6월 2일 개최된 한국해운항만학술단체연합회 제7회 국제공동학술대회에서 필자가 기조 발제한 내용을 해운신문 독자분들을 위해 수정 · 게재함을 알려드립니다.

들어가기

우리나라는 수출중심 국가다. GDP에서 무역이 차지하는 비중이 70%에 가까울 정도다. 수출입이 가능한 물류가 잘 발달되어 있기 때문이다. 물류에는 해상운송이 가장 큰 비중을 차지한다. 해상운송에는 선박이라는 물적 수단이 필요한데, 조선업이 발달해 효율적인 선박을 제공할 수 있는 것은 우리나라의 자랑이다.

이러한 바다 관련 산업은 사람을 통해서 이루어진다. 장차 신생

* 김인현 칼럼(95): 한국해운신문, 2023.6.7.

아 수가 20만명까지 줄어들 전망이다. 산업 근로자의 주축인 20대~50대는 인구가 아직 줄지 않았음에도 현재 해운 및 조선업계는 어려움에 처해 있다. 해운과 조선산업에서의 근로자는 선호받지 못하는 환경에서 일해야 하기 때문이다. 또한, 코로나19 사태와 같이 비상시의 경우 인력이 부족한 상황에 직면하기도 한다.

바다에서 선원으로 생활하는 것은 기본적으로 생활수준이 높아지는 선진국에서는 선호되지 못하는 직업이라는 점을 인정하고 들어가야 한다. 특단의 혜택이 없다면 선박에 승선하지 않을 것이다. 24시간 바다에서 근무하기 때문에 그렇지 않은 육상근로자보다 2배 혹은 3배의 봉급이 지급되는 것이 바람직하다. 최근 젊은 해기사들이 3년의 승선도 하지 않은 채 조기 하선해 군대에 가는 일들이 벌어지고 있다. 하급 선원들은 특별히 장래에 대한, 전직의 꿈이 없이 승선 생활을 이어가다 보니 그 수는 점점 줄어들고 있어 이제는 포기단계다. 지면 관계상 해운분야에 국한해 논의를 전개한다.

해운분야의 상황

해운산업에는 선박을 운항하는 해기사와 부원, 그리고 육상 직원들이 있다. 우리나라는 해방 이후부터 해기인력을 국가가 양성하는 체제를 갖추었다. 현재 매년 1,100명 정도가 배출된다. 항해학과 550명, 기관학과 550명이다. 3등 항해사는 2년을 근무하기 때문에 2년간 배출되는 1,100명으로 채울 수 있다. 휴가 중인 선원 등을 고려하면 부족한 숫자다. 최근에는 700명 정도가 3등 항해사로 근무하고 있다. 의무기간인 3년을 채우지 않고 선박을 내리는 숫자가 늘어났기 때문이다. 이것은 초임 해기사들이 선박 근무를 선호하지 않는다는 것을 보여준다.

현재 문제되는 것은 전반적인 초급해기사의 공급 부족과, 특히 동남아 등 연안해운을 다니는 선박의 해기사를 찾기가 어렵다는 점이다. 1985년에 해외취업 1만 2천명, 국적 외항 4천명, 2021년 해외취업 1,792명, 국적선 6,898명이었다. 2021년 현재 선장은 1,221명, 1등 항해사 1,049명, 2등 항해사 721명, 3등 항해사 659명이 근무 중이다. 1,221척의 국적선(BBCHP 포함)에 3등 항해사의 절반은 외국 선원이라는 것을 알 수 있다. 외국 선원의 도입은 노조와 협의에 따라 결정되는 것으로 선장과 기관장 등은 반드시 한국 선원을 태워야 한다.

다른 산업에도 적용되는 공통사항

꿈을 제공해야: 보장된 대학학위 · 석사과정

바다에서 일하는 사람들의 꿈은 무엇일까? 육상에서 안정적으로 가족과 생활하는 것이다. 더 안정적인 육상직을 가지기 위해서는 준비를 해야 한다. 육상직은 학교에서 배운 항해와 기관술과는 전혀 다른 기능을 요구한다. 현재는 모든 해기사들이 스스로 장래의 기능을 개발해야 하는데 스스로 기능을 개발할 기회가 제공되지 않는다. 보장된 석사과정이 필요하다. 일본의 해상보안대학교는 임관 후 수년내 2년 석사과정을 전원 마치게 한다. 해외에도 보내준다. 우리나라도 해기사들이 의무적으로 2년간 석사과정을 마치게 하면 큰 장점이 될 것이다. 미국도 제2차 세계대전을 마친 다음 제대 군인들을 대학에 진학하게 했다. 그래서 Texas A&M이 생겨났다. 해기사로 5년 혹은 7년 근무하면 2년간 대학원에 진학할 기회를 가지고 언제든지 활용할 수 있는 제도가 마련되면 좋을 것이다.

정년 연장 · 정년퇴직자 진입 용이해야

시간이 지날수록 진입하는 근로자의 수가 줄어들므로 정년퇴직

시기를 늦추어서 모자라는 공백을 메워나가야 한다. 법률로써 혹은 내규로 정년퇴직 나이를 늘려가는 방법을 산업 전반에 도입해야 한다.

정년퇴직자들이 쉽게 다른 직업을 택할 수 있도록 진입장벽을 낮추어주어야 한다. 55세에 정년퇴직을 한 자가 바다에서 해기사로 활동하는 것을 선호할 수 있다. 이러한 경우 해기사로 전직이 가능하도록 면허취득 과정을 열어 두어야 한다. 해운의 경우 해양수산연수원의 오션폴리텍 과정은 6개월 좌학, 1년 실습으로 면허취득이 가능하다.

외국 근로자의 도입

부족분은 외국의 인력을 활용할 수밖에 없다. 국가 차원에서 외국 근로자의 도입 및 이민정책을 세울 수가 있을 것이다. 주로 동남아국가들의 인력이 도입되는데, 이들과의 소통과 교육이 문제된다. 우리 근로자와 같은 정도의 효율을 올릴 수 있는지도 중요하다.

노동의 비중 줄여야

장차 근로를 제공할 생산인구가 줄어들기 때문에 10명의 인력이 필요한 산업은 5명의 인력으로도 동일하게 유지할 수 있도록 산업의 구조를 개편해야 할 것이다. 부족분은 로봇이나 AI 등을 활용해 인력을 줄여나간다.

해양대학에 진학하는 학생 수가 줄어들게 되면 재학생의 수도 1/2로 줄어들 것이 예상된다. 그렇지만 선박의 숫자는 1,500척 정도가 예상된다. 운항할 선원이 1/2이 부족하게 된다. 부족분은 외국선원으로 채우든가 아니면 승선 정원을 1/2로 줄여야 한다. 선장은 줄일 수가 없고, 항해사 3명이 1명으로 되어야 한다. 현재 4시간 3교대의 2회 반복 시스템은 변화가 필요하다. 기관실의 경우 기관장과 기관사 1명으로 가능할 것이다. 3명의 항해사는 로봇의 당직으로 대체될 수 있을 것이다. 2단계와 3단계 자율운항 선박의 도입으로 선원 수를 10명으로 줄이는 작업도 진행돼야 한다. 부원에게 어떤 꿈을 심어주기가 어렵기 때문이다. 부원이 필요 없는 선박운항 구조로 변경되어야 한다. 대부분을 정규교육을 받은 해기사들이 처리할 수 있도록 하면 된다.

국가 차원의 인력배분 정책

800조원 규모의 수출액이 대부분 선박을 통해서 이루어지기 때문에 해운 없이는 우리나라를 지탱하기 어렵다. 선원이 없다면 선박을 운항할 수 없기 때문에 회사가 아니라 국가 차원의 문제다. 장차 15만~20만명의 연간 공급되는 인력을 각 산업분야로 나누어져야 한다. 인력의 분배를 개별 산업에 맡겨둔다면 선원·조선소의 근로자는 최하위의 선호도를 갖기 때문에 인력공급을 전혀 받지 못할 것이다.

결국 국가는 인력의 배정에 대한 규칙을 만들게 될 것이다. 더 안정적인 산업을 유지하기 위해 국가필수인력 제도 개념을 도입하는 것이 좋다. 선원과 조선소의 근로자는 국가의 산업을 위해서 필수적인 것이므로 공적개념이 도입되어야 한다. 필수적인 숫자의 공급이 이루어지도록 해야 한다.

국적선원의 임금이 높기에 임금이 낮은 외국 선원을 선호하는 경향이 있다. 이렇게 되면 한국 선원이 없어지게 된다. 임금의 차액만큼 공적 기관이나 기금에서 보조해야 한다.

해운분야: 해기사를 중심으로

장기승선에 혜택 부여

병역특례는 더 이상 젊은이들에게 승선을 유인하는 장점으로 작용하지 못한다고 판단된다. 새로운 획기적인 대책이 필요하다. 각종 육상에서 제공되는 시험에 장기승선시 가산점을 부여하는 것이다. 선원 경력이 반드시 필요한 직업이 있다. 해양안전심판원의 심판관, HMM과 같은 운항선사의 운항부 직원, 한국선급의 선박검사원 등이 그렇다. 이들을 선발할 때에 반드시 경력을 우대하는 정책이 필요하다. 승선경력에 차별을 두어서 장기승선을 유도해야 한다.

선원직은 매력이 떨어지기 때문에 상당한 혜택이 주어지지 않으면 안 된다. 사립학교연금과 군인연금은 국민연금보다 더 안정적이다. 선원 연금제도를 만들어 10년 혹은 20년 승선근무를 하면 노후의 삶이 보장되도록 해야 한다. 이를 위해서는 선원과 선주, 국가가 지금보다 더 기금 마련에 기여해야 할 것이다.

승선자에 대한 충분한 배려

유급휴가 기간을 획기적으로 늘리자. 현재 1개월 승선에 8일 휴가가 주어지고 8개월 승선부터 유급휴가가 가능하다. 이를 6개월 승선하면 월 10일로 늘려주자. 장기적으로는 유럽과 같이 4개월 승선에 4개월 휴가 체제로 가야 한다. 획기적인 유급휴가는 대명 선원 등 선원수의 증가가 필요하다. 회사로서는 재원의 문제보다 현재보다 1.5배의 선원을 더 확보하는 것이 어려운 일일 것이다. 10년 이상 승선하면 선원연금을 수령할 자격을 부여하도록 하자. 장기근무하면 근로소득세도 면제가 가능하도록 하자.

해기사 공급의 고도화 · 선진화 방안

현재 전세계적인 추세는 대규모의 선박관리회사가 선원을 공급하는 것이다. 해운선사가 독일의 버나드 슐테(Bernard Schulte)와 같은 선박관리회사에게 선박 관리를 맡기면 이들이 자신들이 보유하는 선원들을 공급한다. 교육된 선원을 공급받기도 하고 자신들이 선원을 교육시키기도 한다. 장차 우리나라도 전문적인 대형 3자 선박관리회사가 없다면 외국에 의존할 수밖에 없기 때문에 시급히 대형 선박관리회사를 성장시켜야 한다.

해사대학, 외국인 위탁 교육도 병행해야

한국해양대학교 해사대학 등 우수한 교육제도를 가진 우리나라는 우리 선원의 교육에 남는 여분을 이용해 외국 선원을 우리나라로 불러서 교육시키는 외국 선원 위탁교육을 실시하면 좋을 것이다. 교육비용은 위탁자가 부담하는 제도다. 위탁자는 선주이거나 혹은 대형 선박관리회사일 것이다.

장차 선박관리, 조선소가 리딩

앞으로는 조선소가 선박관리의 상당 부분을 담당할 것이다. 빅데이터를 가진 조선소는 더 효율적으로 선박을 관리하게 된다. 50% 이상의 선박은 우리나라가 건조할 것이므로 우리나라는 선박관리업에 유리한 전기를 맞이할 것이다.

선원, 정규직으로 전환해야

1980년대만 해도 승선자는 모두 정규직이었다. 그래서 근로계약과 승선계약이 있었다. 언제부터인가 많은 선원들의 신분이 임시직으로 바뀌었다. 승선계약만 있지 근로계약이 보이지 않는다. 그래서 하선하면 그 회사와는 인연이 끊어지게 된다. 물론 다시 그 회사에 승선하는 것이 가능하지만 신분이 보장되지 않는다. 현재 대형선사를 제외하고는 대부분 임시직이다. 이를 정규직으로 변경하도록 하자.

100% 한국 선원 승선 선박 도입하자

당분간 외국 선원의 도입이 필요하다. 어느 정도로 외국 선원을 도입할지가 문제다. 최소한의 국적선원이 필요하다. 한국적 선박에는 선장과 기관장은 반드시 한국 선원이어야 한다는 제도(국제선박등록법 등)는 장차 달성될 수 없을 것이다. 주니어 해기사가 양성되지 않는데 한국인 선장이 있을 수 없기 때문이다.

이것보다는 국가안보, 경제안보 등을 위해 한국 선원이 필요한 선박 수를 정하고 모든 선박에 한국 선원이 승선하는 형태가 되어야 한다. 3등 항해사, 2등 항해사, 1등 항해사 및 선장이 모두 한국 선원이어야 한다. 국가필수선박의 개념을 확대적용하면 될 것이다(해운항만유지법에 따라 국가필수선박을 88척으로 지정해 선원의 임금을 일부 보조하는데 6명까지 외국 선원을 유지함). 이러한 한국 국적의 선박에 대해 톤세제도 등의 혜택을 차등해서 허용하면 도움이 될 것이다.

동남아, 근해, 내항의 선원공급

우리나라는 해양대학－전문대학(전수과)－해사고등학교로 이어지는 국가 해기사 양성제도를 유지해 왔다. 해사고등학교 졸업생은 내항이나 근해, 전문대학은 동남아, 해양대학은 원양을 담당하는 큰 그림이었다. 목포해전이 4년제 목포해양대학으로 1990년경 승격하면서 이 구조가 무너졌다. 현재 해사고등학교 졸업생들도 대부분 원양을 지향한다. 그러다 보니 동남아와 근해 상선에는 의욕을 가지고 근무할 해기사를 찾기가 어려운 실정이다.

내항은 원래부터 교육기관이 없었다. 정부에서 양성하는 해기사

제도를 기대할 수 없었음에도 이들 분야의 선주들이 국립학교에서 배출되는 해기사를 지나치게 기대해서 지금의 어려움에 처했다. 2022년부터 해운조합 주도로 선원을 양성하는 제도를 시작했는데 만시지탄이 있지만 올바른 방향이라고 본다. 장차는 제3자 선박관리 회사에서 이런 선원의 양성과 관리를 위탁받아 행함으로써 동남아, 근해, 내항 선주의 부담이 줄어드는 방향으로 나가야 할 것이다.

일반 전공자의 해기직 진출

해기사가 법학, 경영학을 전공해 육상에 진출하는 길은 열려있고 사례도 나타나 현실화되어 있다. 그런데 반대로 법학이나 경영학 전공자가 해기사가 되는 길은 제한적이다. 해양수산연수원의 오션 폴리텍을 활용해 1~2명이 해기사가 되는 길이 열렸다. 이들은 승선에 대한 의지가 강하고 도선사까지 된 사람도 있다. 이를 더욱 개방할 필요가 있다. 한국해양대 등의 해사대학에 이들이 원하면 3학년에 학사 편입해 해기사가 되는 길을 활짝 열어야 한다.

글로벌 경쟁력 가진 실력자 양성

글로벌 해사물류인력이란?

글로벌 해사물류인력이란 국제무대에서 활동할 수 있을 정도의 실력을 가진 해사물류인력을 말한다. 국내뿐 아니라 해외에서도 통하는 인력을 말한다. 선박을 운항하는 해기사는 기본적으로 국제적인 업무에 종사하므로 글로벌한 비즈니스에 종사한다고 보아야 한다. 이는 선박의 해기사나 조선소의 생산직 근무자를 포함해 영업직, 관리직으로서 보험업무 해상법업무, 재무담당자를 모두 포함하는 개념이다.

글로벌 해사물류인력이 갖추어야 할 덕목

언어능력이 중요하다. 한국인과 중국인의 비즈니스에도 영어가 공용어로 사용된다. 우리나라의 중요한 파트너들은 일본, 중국, 미국과 유럽국가들이다. 영어 이외에도 일본어와 중국어 구사 능력도 중요하다.

글로벌 비즈니스에 종사하는 해사물류전문인은 국제적으로 적용되는 각종 국제조약이나 법제도, 경영의 원칙을 잘 이해할 수 있어야 한다. 한진해운 파산은 국제적인 문제였다. 회생절차의 시작과 함께 글로벌 물류대란이 발생했다. 외국에서 한진해운의 선박이 압류되고 하역작업이 이루어지지 않아서 화주들의 피해가 늘어났다. 회생절차를 신청하는 해운기업은 자신의 재산이 해외에서 압류되지 않도록 stay order를 신청해야 한다. 정기선 운항은 얼라이언스를 통해서 이루어진다. 얼라이언스는 합리적인 항로를 가지고 비용을 절감하기 위해 항로에 투입할 선박에 대한 논의를 정기선사 간에 진행한다. 각국의 경쟁법에 위반되지 않도록 각국의 법률을 알아야 한다. 탈탄소와 디지털화와 관련된 지식을 습득해야 한다.

다기능을 갖추어야

앞으로 인구가 줄어드는 만큼 미래세대 1인은 현재 2인의 기능을 보유하고 행사하지 않으면 안 된다. 자율운항 선박의 운항과 관리는 육상의 관리소에서 할 것이다. 선박에 부착된 각종 기기와 그 작동법을 조선소에서 만들어서 선원들에게 가르쳐주는 것이 지금까지의 방식이었다. 앞으로 자율운항 선박 시스템에서는 조선소의 엔지니어들이 직접 육상의 관리센터에서 원격조종을 할 것이다. 이들은 선박 운항 중 선박충돌을 피하기 위한 항해 방법도 알아야 한다. 조선과 항해의 기능을 동시에 가져야 한다. 해양대학에서 해기사의 교육은 이러한 조선 관련 과목에 대한 공부가 추가되어야 할 것이고, 조선학과의 경우는 항해학과 같은 교육이 추가되어야 할 것이다. 외국에서 활동하기 위해서는 영어는 기본이고 제2외국어 능력도 갖추어야 한다. 경영학, 법학, 회계학 등 지식도 필요하다.

대학원 교육 받아야

우리나라 대학교육은 복수전공이 있기는 하지만, 두 개의 전공을 가지기가 쉽지 않다. 먼저 한 과정은 학부에서 마치고 대학원 과정에서 다른 과정을 하는 것이 맞다. 해기사가 되고 법학은 대학원에서 공부해야 한다. 변호사가 되고 나서야 해기사가 되는 과정을 다시 밟아야 한다. 해기사가 육상의 해운회사의 영업직이나 관리직을 택한 경우 그가 알아야 할 내용은 상당하다. 상법, 회사법, 해상법을 알아야 하고, 회계의 기본과 세무를 알아야 한다. 노무관리도 알아야 한다. 빅데이터와 AI에 관한 데이터 사이언스도 공부해야 한다. 직장에 근무하면서 이런 공부를 계속해야 한다. 야간에 개설되는 해운조선물류 특수대학원이 좋은 기회를 제공하는 방안이 된다.

마무리

대한민국의 경제 발전을 위해서 "글로벌"도 중요하지만 내수가 더 중요하다. 탄탄한 내수가 없다면 글로벌도 달성불가하기 때문이다. 글로벌 해사물류인력은 국가안보와 경제안보에도 연결되어 있다. 인력이 고도화, 선진화되어 있어도 근무할 물적 설비인 선박이나 건조할 선박이 없다면 무용이 된다. 글로벌 해사물류인력은 국제경쟁력을 갖추고 우리 산업을 유지하고 해외에 진출해 매출을 올리기 위해서 필요한 것이다. 산·학과 정부가 체계적인 관리와 육성에 지금보다 더 적극적으로 나서야 할 사안이다. 법제도를 통한 인력의 육성이 있어야 목표를 더 확실하게 달성할 수 있을 것이다.

제 2 장

항만공사 사장이 법정구속된 산업안전보건법 사건*

지난 주 우리 모두를 놀라게 한 사건이 발생했습니다. 해양수산의 권위 있는 공공기관의 장을 역임한 사람이 재임 중 사건으로 법정구속이 된 것은 초유의 사태입니다. 전말을 간략히 알아보고 대책도 생각해봅니다.

사실관계

항만공사는 C회사에게 갑문 정기보수 공사를 위탁했습니다. C회사는 망자를 고용하여 갑문정기 보수공사를 시켰습니다. 2020.6.3. 갑문 아래로 물건을 내리는 작업을 하던 중 윈치가 전도되면서 망자도 같이 떨어져 사망하였습니다. C의 현장소장과 함께 항만공사의 사장도 징역형을 받고 법정구속이 되었습니다.

* 김인현 칼럼(96): 한국해운신문, 2023.6.11.

산업안전보건법에 의하면 사업주는 제38조의 안전조치를 취할 주의의무가 있고, 도급인은 제63조의 안전조치를 취할 의무가 있습니다. 이를 위반하여 근로자가 사망에 이르면 제167조 제1항의 처벌을 받습니다. 도급인이란 물건의 제조, 건설, 수리 또는 서비스의 제공, 그 밖의 업무를 도급하는 사업주를 말합니다. 다만, 건설공사 발주자는 제외합니다. 건설공사 발주자란 건설공사를 도급하는 자이기는 하지만 건설공사의 시공을 주도하여 총괄관리하지 않는 자를 말하고, 도급받은 건설공사를 다시 도급하는 자는 제외합니다. 건설공사에는 시설물을 설치·유지·보수하는 공사도 포함됩니다. 따라서 인천항만공사의 갑문 정기보수공사는 건설공사에 포함됩니다.

인천항만공사 측은 자신들은 공사에 대한 발주를 C에게 한 것이기 때문에 산업안전보건법이 적용되는 도급인이 아닐 뿐만 아니라 설사 그렇다고 해도 사망에 이르게 할 고의는 자신들에게 없었다고 주장했습니다.

법원의 판시내용(인천지법 2023. 6. 7. 선고 2022고단1878 판결)

인천항만공사가 동법의 적용을 받지 않는 지위에 있는가?

건설공사의 시공을 주도하여 총괄 관리하는 자에 해당하면 산업안전보건법상 사업주 및 도급인으로서의 책임을 지게 된다. 그것이 아니라면 그 책임을 지지 않는다. 실제로 시공을 주도하여 총괄관리하였는지 초점을 맞추지 않고 규범적으로 평가해야 한다. (중략) 그렇지 않다면 위험의 외주화가 일어날 것이다. 항만공사법에 의하면 항만공사는 갑문유지·보수가 고유의 업무이고, 공사의 정관에도 그러하다. 항만공사 산하에 안전관리부서 책임자로서 재난안전실이 있다. 건설본부산하에 갑문관리실이 있고, 갑문설비팀, 갑문운영팀이 있다. 갑문시설실 직원은 32명이나 있다. 2020년 갑문정기보수공사 예산이 약 6,000만원에 해당한다. 실질적인 수급인보다 월등히 우월한 지위에 있다. 위험작업을 수급인 C의 감독이 시행할 때에는 공사의 허가를 받았다.

법원은 위를 근거로 이 사건 정기보수 공사는 산업안전법의 적용에서 제외되는 건설공사 발주자가 아니라, 동법이 적용되는 건설공사 도급인이라고 보았습니다.

범죄성립요건을 갖추었는가?

공사의 위험성 평가표에 2020.5.20.을 개선 예정일로 하여 중량물 취급 작업계획 미수립에 의한 사고를 언급하여 이 사건과 같은 중량물 취급 중 발생하는 재해를 예측한 사실이 있다. 안전점검 순찰일지에 추락방지 안전난간대 설치, 작업표준서에 의한 안전작업 시행여부가 점검 항목란으로 기재되어 있다. 안전관련회의에 수급회사와 공사의 직원들도 거의 매일 참여했다. 사장은 자신이 책임자임을 명백히 보고받았고, 스스로 안전보건관리책임자 신규교육을 취임후 3개월 내 받도록 일정을 조율한 바도 있다. 사장은 갑문설비 위험성 점검 등 보고를 받았다. 안전점검의 날 실시 결과보고서에 사장이 결재한 사실이 있고 추락위험이 지적되었고, 2020. 5. 26.에도 추락위험을 지적하면서 안전대부착설비 및 안전난간대 등 설치 철저 대책을 제시하는 기술지도 결과보고서가 작성 제출되었다. 위 갑문공사와 같은 3억원 이상의 공사와 건설현장안전관리, 산업안전보건업무는 사장의 결재사항이었다.

항만공사와 수급인 C회사는 안전대를 안전하게 걸어 사용할 수 있는 안전대 부착설비를 설치하지 아니하고, 중량물취급작업을 함에 있어 작업계획서를 작성하지 않았다. 피고인은 사업장에서 안전조치가 취해지지 않은 상태에서 작업이 이루어지고 있고 향후 그러한 작업이 계속될 것이라는 사정을 미필적으로라도 인식하였다. 그런데도 이를 그대로 방치하고 이로 인하여 사업장에서 안전조치가 취해지지 않은 채로 작업이 이루어져 근로자의 사망이라는 중차대한 결과가 발생하였다. 피고인은 위 산업안전보건법 제167조 제1항이 요구하는 고의도 있었다고 판단된다.

피고인에게 안전보건조치 의무 위반에 관한 고의는 물론 근로자 사망에 대한 고의도 있었다고 판단했습니다.

선 고

인천항만 공사의 정기적 보수업무를 그 핵심 업무의 하나로 삼고 있는 피고인 인천항만공사가 그 인력, 재정 등에서 열악한 피고인 수급자에게 떠넘기고 공사는 책임이 없다며 변명한다. 공사는 사고발생 8일전 재해예방전문지도 기관으로부터 안전대 부착설비 미설치 등으로 인한 추락사고 발생위험을 지적받았는데도 아무런 조치를 취하지 않았다.

이 사건 사고가 발생하기 이전에도 이미 피고 공사의 갑문 정기 보수공사 현장에서 2016년과 2017년 2건의 추락사망사고가 발생한 적도 있다. 유족들을 위로하거나 피해자의 유족들과 합의한 사실이 없다. 엄히 처벌해야 한다. 징역 1년 6개월을 선고하고 법적 구속한다. 공사에게는 1억원의 벌금형에 처한다.

의 견

산업안전보건법 제167조 제1항 위반의 죄는 결과적 가중범이므로, 사업주 혹은 도급인의 안전주의의무 위반 및 그에 대한 고의,

안전의무 위반과 사망 사이의 상당인과관계는 물론 사망에 대한 고의까지 인정될 경우 처벌됩니다. 한편 사망에 대한 고의와 관련하여, 사망 가능성을 인식하고도 적절한 조치를 취하지 않고 이를 인용하면 미필적 고의가 인정됩니다.

본 사안에서는 피고인이 산업안전보건법상 안전관리책임자임을 잘 알고 있었고, 이미 이전에 여러 번 유사한 사고가 발생하여 해당사항에 대한 위험이 여러 차례 보고되었음에도 구체적인 시정조치를 하지 않았음을 근거로, 사업장에서 안전조치가 취해지지 않은 상태에서 작업이 이루어지고 있고 그러한 작업이 계속될 것임을 미필적으로라도 인식하였다고 보아 고의를 인정하였습니다.

만약 이 사고가 처음 발생하였다면 고의가 인정되지 않았을 가능성이 큽니다. 도급인으로서의 책임을 이행하기 위한 여러 제도를 공사가 잘 갖추고 이행했었음에도, 2번 정도 지적된 시정조치를 철저히 취하지 않은 것이 사장으로 하여금 큰 책임을 지도록 만든 것으로 보입니다. 그 전에 있었던 2번의 유사한 사망사고도 판결에 영향을 미친 것으로 보입니다.

하지만 책임자인 사장이나 직원들이 과실로 시정조치를 하지 않았을 뿐이지 이 상태로 그냥 두어서 사람이 죽거나 다쳐도 어쩔 수 없다고 생각하지는 않았을 것이므로 미필적 고의의 인정은 지나친 것으로 보입니다. 항소심에서 크게 다툴 사항입니다.

이 사건은 위험의 외주 등으로 도급을 주어도 도급자가 상당한 정도로 관리를 한다면 도급자로서 산업안전보건법상의 책임을 부담한다는 것을 보여줍니다. 위험사항을 확인하지 않고 이것이 사고로 연결되면 과실범으로 처벌됩니다. 위험사항이 여러 번 지적되었음에도 이를 수정하지 않고 이것이 근로자의 사망으로 연결되면 고의범으로 처벌되게 됩니다. 확정적 고의는 아니지만 그보다 낮은 단계의 미필적 고의로 처벌된다는 점을 각별히 유의해야 합니다. 수

정하지 않아 사람이 다쳐도 어쩔 수 없다는 태도의 마음상태가 있다고 법원이 보면 미필적 고의가 될 가능성이 높습니다.

1심법원의 판사는 법원이 주차장의 수리를 전문수리업자에게 준 경우와, 인천항만공사가 갑문공사를 준 경우를 비교했습니다. 법원은 주차장의 수리와 관련 자체 관리부서가 없지만, 인천항만공사는 이와 관련 대단한 조직을 갖추었기 때문에 건설공사를 총괄 관리하는 지위에 있다는 것입니다.

이런 위험을 피하고 더 전문적으로 관리하기 위해 갑문공사를 위한 자회사를 둔다면, 갑문공사는 인천항만공사의 업무는 아닌 것이 되어 산업안전보건법의 적용을 받지 않을 것으로 보입니다. 이번 사건에서는 최고책임자가 큰 위험에 노출이 되었습니다.

산업안전보건법상 안전보건관리총괄책임자를 사장이 아닌 다른 직책의 자로 두었다면 결과는 달라졌을 겁니다(중대재해처벌법은 경영책임자로 불리는 최고책임자는 피할 방법이 없음). 사장은 스스로 안전보건관리 총괄책임자로 되었고, 재판과정에서도 이를 부인하지 않았습니다. 책임감 있게 임한 것은 칭찬받을 만합니다.

그러나 경영최고책임자는 최대한 보호의 대상이 되어야 하고, 특히 법정구속을 피하도록 해야 합니다. 피할 수 있음에도 사전준비가 부족하여 구속이 되었다면 안타까운 일입니다. 이번 사건이 법률에 대한 리스크를 우리 해운항만업계가 지금부터라도 잘 관리해 나가는 계기가 되길 빕니다.

제 3 장

해운업계가 해야 할 일들: 현안 잘 처리해 세계 일류 되자*

들어가며

해운업계는 2021년과 2022년 역사상 유례없는 초호황을 누렸다. 코로나의 역설이었다. 모두가 초불황을 예상했지만 코로나로 물류의 흐름이 막힌 와중에 가수요가 일어나 해운업은 그야말로 대박이 났다. 한국해운신문에 의하면 우리나라 외항해운은 작년 65조원의 매출을 올렸다고 한다. 연평균 30조원 정도였던 외항해운의 매출을 감안하면 실로 엄청난 숫자다. HMM은 18조원의 매출에 약 10조원의 영업이익을 올렸다고 한다.

과대하게 보유하고 있는 현금을 어떻게 처리할지 전세계 해운업계가 고심하고 있다. 세계적으로 이렇게 초호황을 누린 산업계에 대해 횡재세를 부과하려는 움직임도 있다. 우리나라도 사상 초유의

---

* 김인현 칼럼(98): 한국해운신문, 2023.8.24.

이익을 올렸지만 경쟁하는 외국선사와 국가들은 2~3배의 수익을 올렸기 때문에 안심할 바도 아니다.

그리고 산이 높으면 골이 깊듯이 절벽이 우릴 기다린다. 2005년을 전후한 호황에 이어서 2008년부터 불황이 깊고 길었다는 점을 우리는 잘 알고 있다. 그러한 의미에서 해운업계에게 2023년은 어느 해보다도 중요한 해가 될 것이다. 그냥 현금잔고에 만족하면 곧 닥칠 어려움에 헤어나지 못할 것이기 때문에 지혜를 모으고 대책을 잘 세워야 한다. 그리하여 해운업계가 우리나라 산업군에서 일류가 되고 세계적으로도 일류가 되도록 해야겠다.

2023년 해운업계의 장점과 힘

어느 조직이든 큰 비전이 있어야 한다. 조직은 이 비전을 향해서 달려가야 한다. 조직의 리더는 이 비전을 반복해 조직원들에게 강조하고 달성해야 한다. 해운업계의 큰 비전은 무엇이 되어야 할 것인가?

우리나라 해운업계는 무에서 시작했기 때문에 그 물적 기초 수단인 선박이 없어서 애를 먹었다. 선박 1척이 100단위의 가치라고 한다면 10%만 자기 자본이고 나머지 90%는 빌려와 선박을 운항했다. 90% 차입금에 대한 금리도 만만치 않았다. 은행 대출 이자는 운항비용에 추가되어 운임경쟁력을 낮추는 큰 요인이 됐다. 일본은 은행 이자율이 2%대인데 우리는 10%대였고 현재는 5%대다. 경쟁이 되지 않았다.

BBCHP 형태로 선박을 소유하는 구조라서 해마다 일정한 원금을 갚아나가야 했는데 불경기가 오면 운임수입이 줄어 대출금을 갚지 못해 도산하는 사태가 반복됐다. 이제 사정이 달라졌다. 현금보유가 많아졌다. HMM, 고려해운, 장금상선, 남성해운, 천경해운 등 정기선사들은 재정적으로 튼튼해졌기 때문에 선박당 은행차입금을 점차 갚아나가고 있는 것으로 안다. 통상 척당 70~90%까지가 은행차입금이었다면 이제는 최소한 50%선까지 떨어진 것으로 안다. 심지어 전혀 차입금이 없는 선박도 있을 것이다. 이는 결국 선박에 대한 금리가 운임의 원가에서 빠지는 것이 되므로 우리 선사들의 선박도 운임경쟁력을 갖게 되는 것이다.

우리나라 산업군에서 일류 돼야

과연 우리 해운산업이 전체 산업 중에서 일류일까, 이류일까? 그동안 일류로 분류되지는 않아 왔다. 국민들로부터 지지받고 사랑받는 정도를 기준으로 한다면 일류가 아닌 것은 분명하다. 우리나라는 무역으로 지탱되는 국가다. 무역에는 수출입화물이 있는 것이고 물량기준 99%가 선박을 이용한다. 그렇다면 해운이 없다면 수출입은 되지 않으니까 엄청나게 중요함에도 해운산업에 대한 국민들의 인식은 좋지 않다.

대형사고로 국민들에게 민폐를 끼쳐왔기 때문이다. 태안유류오염사고와 세월호와 같은 대형사고도 해운산업에서 일어난 일이다. 2008년 이후 STX팬오션, 대한해운 등 굴지의 회사들이 회생절차에 들어갔다. 살아나기는 했지만 채권자들에게 막대한 손해를 입혔다. 채무를 1/10로 탕감받고 살아난 것이다. 한진해운의 사주는 4천억원이 없어서 회생절차에 회사를 넣고 전세계적인 물류대란을 일으켰다. 고사 직전의 한국해운산업을 살리기 위해 한국해양진흥공사가 세워졌고 대형선박 20척의 발주에 이어서 코로나 사태에서 해운이 살아났다. 엄청난 수입을 올렸다. 그렇지만 국민들은 '해운산업은 완전히 널뛰기구나... 불안한 산업이다'라는 생각을 더 많이 한다. 언제 다시 깊은 불황이 올지 모르는 산업이라는 표현을 주위에서 많이 듣게 된다.

일류 산업이란 안정적으로 고용과 수입을 창출하고 국제경쟁력을 갖추고 국가에 기여하는 산업이라는 의미를 내포하고 있다. 불안한 산업이라는 인식을 불식하고 안정되고 국가 경쟁력을 갖춘 산업으로 국민들로부터 사랑받는 산업이 되어야 한다. 다행스럽게도 현금보유고가 많아졌다. 이 점을 적극 활용해야 한다.

일류가 되기 위한 조건

영업에서 두각 나타내야

일류가 되기 위해서는 국제경쟁력을 갖추어야 한다. 원가경쟁력이 있어야 화주에게 더 싸게 운임을 제공할 수 있고 그래야 화주로부터 낙점을 받을 것이다. 다행히 HMM의 경우 2018년과 2019년 저가에 선박을 건조해서 원가경쟁력이 있다. 정기선의 경우 화주로부터 선택을 받기 위해서 경쟁이 치열하다. 장기적인 고객을 확보해야 한다. 특히 해운은 3국간의 영업이 많기 때문에 영업력을 갖추기 위해 노력해야 한다.

높은 전문지식 수준 갖추어야

2008년 해상운임 폭락 사태, 한진해운 사태 등을 반추해보면, 우리 해운산업계는 지식이라는 측면에서 적절한 실력을 갖추지 않았던 것으로 판단된다. 운임과 용선료가 천정부지로 올랐고, 언젠가 떨어질 운명이었다. 2007년경 해운업계는 높은 운임과 용선료의 다음을 생각하지 않았다.

2016년 한진해운 사태에서 경영진이 회생절차에 들어가면 어떤 결과가 나오는지 잘 알았다면 결과는 달랐을 것이다. 금융권의 의사결정자는 금융의 논리만을 앞세웠다. 경영자들이 갖추어야 할 전문지식을 백업해 줄 전문인력이 부재했다고 본다. 필자를 포함한 관련 전문가들도 산업계의 당면과제에 적절한 조언을 하지 못했다. 지식도 편협되어 자신의 전공만 알고 통섭적이지 못했다.

인맥도 편협했다. 해운은 선박금융을 몰랐고, 선박금융은 해운을 몰랐다. 기업, 학계, 행정부, 국회 등 바다관련 경영자들이 갖추어야 할 전문과목의 덕목은 참으로 많다. 선박에 대한 안전, 선원관리, 선박금융, 회계학은 기본이다. 회사법, 해사경쟁법, 해사도산법, ESG 등 정말 폭넓다. 모든 전문분야를 경영자가 알 수 없다. 그러나 아는 만큼 발 빠르게 자신 있게 결정을 내릴 수 있을 것이다. 부단히 노력해 세계적 해운선사의 경영자와 어깨를 나란히 할 실력을 갖추어야 한다. 모든 것을 개인이 갖출 수는 없기에 도움을 받을 수 있는 시스템을 구축해야만 한다.

중간 허리들이 실력 갖추어야

과장, 부장 등 중간 허리를 담당하고 있는 이들의 전문분야 실력도 중요하다. 해운업에 종사하는 분들은 대다수가 해기사 출신이거나 일반대학의 경영계통, 법학계통의 학과를 졸업한 분들이다. 해기사 출신들은 법대나 경영대에서 공부를 더 해야 한다. 일반대학을 나오신 분들은 선박운항 등 해기사 과목을 더 공부해야 한다. 직장에 근무하면서 알음알음으로 공부가 많이 된다. 그렇지만 체화된 것이 아니면 나의 것이 아니다. 100% 확실하게 나의 것이 되도록 해야 한다.

해운산업은 바다에 선박이 있고 치열한 국제경쟁하에 있으므로 즉각적인 의사결정이 필요하다. 체화된 실력이 있어야 발 빠르게 대처할 수 있다. 학사과정에 안주해서는 안된다. 평생 교육이 되어야 한다. 6개월의 최고위과정이나 석사과정에서 2년간 공부를 더 해야 한다. 개인에게 맡겨두지 말고 회사가 직접 나서야 한다. 현대

자동차, 삼성전자 등 일류 기업들은 학교와 계약학과를 만들어 교육을 시키는 것이 일상화되어 있다. 해운업계는 없는 것으로 안다.

우군의 도움이 필요함

해운산업은 해운회사들로만 구성되지만 수요자인 화주도 중요하다. 땅콩회항사건으로 한진그룹에 대한 부정적 이미지가 한진해운의 파산에도 영향을 미쳤다. 한진해운 살리기에 정치인들이 소극적으로 행동하게 된 이유라고 필자는 본다. 해운업계 인사들이 선박금융을 하는 산업은행과 수출입은행 등 관계자와 교류가 현재와 같이 많았다면 그런 일은 일어나지 않았을 것이다. 해운산업의 힘은 업계 자체에 학계, 연구기관, 관련 기타 산업계, 그리고 국민들의 지지가 합친 것이라는 점을 잊지 말자.

인력의 확보

점점 힘들어지는 선원문제

인구절벽시대가 도래했다. 아직 20세 이상 일할 수 있는 노동력은 충분한데도 3D 업종으로 분류되는 해운업계의 인력난은 심각하다. 특히 내항과 연근해해운의 인력난이 심각하다. 지금 태어나는 인구가 25만으로 떨어진 연령대가 노동력을 제공할 즈음인 20년 후를 생각해보자. 많은 산업군 중에서 해운산업에 자발적으로 진입하는 노동력은 극히 제한될 것이다.

승선인력 장기적으로 1/2로 전제 바꿔야

각종 단체의 통계자료를 보면 10년, 20년 뒤에도 현재와 같이 외항상선에 20명이 승선하는 것을 전제한다. 이어서 해기사가 혹은 부원이 수천명 부족하므로 대책을 이렇게 저렇게 세워달라고 요구

한다. 우리나라 산업 전체의 노동력이 반토막이 났다면 해운에 필요한 인력도 1/2로 줄어든다는 가정하에서 대책을 세우는 것이 합리적이다. 1척에 8명이 필요한 해기사는 장차 4명으로 줄어야 한다. 이렇게 설계가 되고 운항이 되도록 해야 한다. 자율운항선박이 나오지 않는가? 3단계 자율운항선박은 선박에는 전혀 사람이 승선하지 않고 육상의 원격조종자만 있다. 재래선박과 자율운항선박이 공존하겠지만, 최소한 5명이라도 승선하는 자율운항선박이 합리적인 대안이 된다. 그렇다면 장차 필요한 선원의 숫자도 여기에 맞추어 기획해야 할 것이다.

해기사공급제도 유연하게 다변화해야

유연한 사고로 해기사를 양성해야 한다. 오션폴리텍에서는 6개월 좌학에 1년 승선실습으로 해기사가 된다. 해양대학에서도 편입제도를 허용해 희망자를 받아들이자. 우리나라는 50세에서 65세까지 휴직자가 많은 구조다. 50대라도 해기사가 되려는 사람은 적극적으로 단기과정에서 양성해 배출해야 한다. 조기 퇴직한 분들이 해기교육을 받고 항해사로 근무하는 것을 이상하게 생각할 것이 아니다. 구직에 애타는 이들은 좋은 미래의 해기인력이 될 수 있다. 장차 각 산업계는 중학교 입학시부터 장학금을 지급하면서 자신의 산업군에 입사를 가계약할 것으로 예상된다. 연간 공급되는 20만명 남짓 전체 인력을 국가로부터 할당받아야 할지도 모른다. 지금까지 업계는 해기사는 국가가 길러주는 인력을 공급받는 수동적인 위치에 있었다. 학생들이 더 이상 선호하지 않아서 입학할 자원이 없는 상태에서 업계는 더 공격적이고 적극적으로 나서지 않을 수 없을 것이다. 공적 양성과 사적 양성시스템이 공존하는 방향이 될 것이다. 이미 일본이 20년 전부터 취하고 있는 것이므로 쉽게 예상이 가능하다.

선원처우 세계적인 수준으로 맞추어가야

3년간 의무승선을 하면 병역의 의무를 다하게 된다. 그런데 최근 초급해기사들이 2년 정도 근무한 다음 하선한다는 사실이 크게 부각되고 있다. 개정된 병역법에 의해 군대에서 6개월만 근무하면 1년 남은 의무승선기간이 채워지기 때문에 유리하다는 것이다. 이럴 정도로 초급해기사들의 바다 기피현상은 심각하다. 국내 일류 산업이 되고 나아가 세계 일류가 되려면 선박을 운항하는 해기사를 일류로 대우해야 한다.

하파그로이드 등의 홈페이지에 가면 두 가지를 강조한다. "정규직이다. 4개월 승선에 4개월 휴가다." 우리나라 몇몇 대형선사는 선원들을 정규직으로 가지고 있지만, 많은 선사들은 임시직이다. 승선하고 오면 직장이 없는 상태가 된다. 1980년대만 해도 해외취업선원들도 모두 정규직이었다. 가능한 빨리 정규직화해서 선원직업을 안정화시켜 주어야 한다.

한편 장기간의 유급휴가는 선주들에게 큰 부담이 된다. 휴가 중에 그를 대신해 승선할 선원들이 더 필요해지기 때문이다. 유럽은 이미 오래전부터 해왔는데 우리나라는 왜 안 되는지 합리적으로 설명해야 한다. 당장은 어려울 것이다. 그러나 로드맵을 제시해 선사와 노조, 정부가 같이 장기적으로 이 두 가지를 실현하도록 하자. 일본의 해상보안대학은 모든 졸업생에게 석사과정에 다닐 기회를 제공한다. 우리 해기사들도 승선 후 희망자는 석사과정에 진학해 취업에 유리하게 될 기회를 제공하자.

선원관리공단의 설치

앞으로는 중학생부터 장차 선원으로 성장할 자원으로 생각해야 할 것이다. 일단 선원이 됐다면 그 선원은 너무나 소중한 존재다.

우리 분야에 오래도록 근무하게 각종 보호장치와 혜택을 주어야 한다. 10년, 20년을 승선근무하면 퇴직후 연금으로 편하게 노후가 보장되게 해야 한다. 육지에 있는 선원의 가족들도 보살펴주어야 한다. 선원의 공급, 교육, 복지 등의 기능을 하는 공단이 만들어져야 한다.

톤세제도

톤세제도란?

톤세제도는 영업에서 벌어들인 이익금에 일정한 비율을 곱한 법인세를 내는 것이 아니라 해운회사가 보유·운항하는 선박의 톤당 일정한 비율을 곱해서 세금을 내는 것이다. 일반 기업의 법인세가 해운회사들의 톤세로 변경된 것이다. 경기가 좋을 때 해운회사는 법인세 대신 톤세를 내면 상당한 이익을 보게 된다. 2021년과 2022년 전세계적으로 해운업계는 수익을 많이 올렸다. 법인세를 낸 것이 아니라 톤세를 내었다면 큰 혜택을 본 것이다.

톤세 존치돼야 하는 논거

톤세제도는 5년씩 연장이 되는 것이라서 2024년 일몰에서 어떻게 될지 의문을 가지는 분들이 많다. 논리를 잘 세워서 대처해야 한다. 첫째, 해운경기는 등락이 심하다. 2004~2007년 호경기에 이어 2008년부터 대폭락 사태가 왔다. 2020~2022년 호경기 후에 현재 다시 폭락의 길에 들어서고 있다. 해운산업은 10년 불황에 1년 호황이다. 이제부터 해운업계는 10년을 버티는 것이다. 그래서 톤세제도는 연장되어야 한다.

둘째, 그리스, 영국, 프랑스, 일본 등 해운국은 모두 톤세제도를 운영하고 있다. 우리만이 폐지를 하면 그만큼 원가가 올라가서 경쟁력이 떨어지게 된다. 굳이 우리만 앞서서 외국선사들에게 유리하게 해줄 이유가 없다. 부디, 해운산업은 국제시장에 열려있어 국제경쟁이 치열하다는 점을 잊지 말자. 미주로 가는 우리 수출품의 20%만 우리 정기선사가 싣는다. 우리 정기선사들의 매출의 50%는 제3국간 화물운송에서 나온다는 것을 잊지 말자.

셋째, 톤세제도로 플러스가 된 재원은 선박에 대한 재투자에 들어간다. 우리 선사들은 선박 한 척당 대출금이 많다. 그 대출금의 상당부분을 갚게 되면 대출이자가 적게 나간다. 원가가 떨어진다. 화주에게 청구하는 운임이 낮아진다. 산업계 전체로 보아서 선순환이 된다.

횡재세 벗어날 논리 개발해야

유럽에서는 이미 횡재세가 실시되고 있다. 주로 우크라이나 전쟁 등으로 외부의 요인에 의해 수입이 많아진 정유회사들을 대상으로 세금을 더 거두어서 저소득층에 사용한다는 것이다. 법인세에 횡재세를 더 부가하는 것이 유럽 석유업계의 형편인데, 세계해운업계는 톤세제도의 혜택까지 받는다는 비난에 처하게 될 것이다. 현명하게 준비해 잘 대처해야겠다.

우리나라도 이에 대한 주장이 일부 있었지만 추경호 경제부총리는 횡재세는 자유시장경제 체제에서 맞지 않다고 말했다. 현명하게 준비해 잘 대처해야겠다. 프랑스 CMA CGM의 예가 있다. 몇 배가 뛴 물류비용으로 인해 수입물가가 오르자 2021년 9월 1일부터 2022년 2월 1일까지 스폿운임을 더 이상 올리지 않고 장기운송계약운임을 준수하겠다고 발표했다. CMA CGM 샤드 대표는 2022년 7월 국회청문회에서 자신의 회사가 애국적인 기업임을 설명했다. 나아가 프랑스 정부와 협의해 2022년 8월부터 수입화물의 운임을 10%(teu당 500달러) 인하해주는 정책을 폈다. 우리 정기선사들이

1,000억원 기금을 모은 '바다의 품 공익재단' 설치도 훌륭한 대처방법이라고 본다.

신조선 확보와 자율운항선박 대처

탈탄소 위한 신조선 건조

지구온난화에 대처하기 위해 선박의 연료를 신재생에너지로 변경해야 하는 것은 시대의 큰 화두이고 이에 따라가야 한다. 현재 LNG와 메탄올은 중간적인 연료이다. 수소나 원자력으로 가야 한다. 결국 신조선이 필요하다. 그 많은 선박을 신조선으로 교체하는 비용은 상상하기조차 어려운 역사이면서 자금을 필요로 한다. 통상 선박은 건조되면 20년 이상 사용을 전제로 한다. 국제조약이나 국내법의 규정 때문에 그 가용연한보다 먼저 선박을 폐선하거나 개조한다면 그만큼은 자신의 의사와 무관하게 계획한 것보다 재산상의 손해를 보게 되는 것이다. 국가나 이해당사자들이 그를 보전해주는 것이 바람직하다. 폐선주기가 짧아지면 조선소는 건조량이 많아져서 수입이 늘어난다.

조선소도 협조할 수 있을 것이다. 해상법에 있는 십시일반으로 도와주는 공동해손과 같은 취지이다. 선주업의 활성화를 통해 이 문제를 해결할 수 있을지? 해양진흥공사와 조선소, 대형해운사들이 선주업에 진출해 선박을 건조하고 이를 운항사(operator)에게 대여하는 것이다. 운항사는 신조가 된 선박을 빌려서 사용한다. 일본과 그리스와 같이 선주업이 활성화된 국가에서는 신조선의 문제는 운항자의 문제가 아니라 선주사의 문제가 될 것이다. 운항사는 선주사가 건조한 선박을 빌려서 사용하는 입장이므로 건조자금의 조달에서 비교적 자유로울 것이다.

자율운항선박

자율운항선박은 2단계와 3단계를 접목한 것으로 가야 되고 갈 것이다. 4단계는 법률적으로 산업적으로 실현이 어렵다고 본다. 3단계에는 육상의 원격조종자 한 사람이 선박을 관리하고 운항하게 된다. 극단적으로 본다면 1,500척의 우리 상선대가 있다면 1,500명의 육상조종자만 있고 선원은 모두 없어진다는 말이 된다.

재래선박과 자율운항선박이 공존하는 기간이 길게 지속될 것이다. 원격조종자는 육상에 존재하지만 선장의 기능을 대신한다. 선박에 대한 모든 것을 잘 알고 있어야 한다. 조선소의 CS Plus(고객 담당자) 같은 전문가가 선박의 충돌예방규칙, 해사법규와 같은 과목들을 공부해서 기능을 갖추면 될 것이다. 선박의 항해사, 기관사들도 자신들이 알고 있는 선박운항에 추가해 AI 등 데이터 과학은 물론 선박관련 법률내용을 추가로 공부해야 할 것이다.

장차는 조선소가 원격조종자를 제공할 여지도 많을 것으로 보인다. 대형선박관리회사들이 전세계 곳곳에 원격조종 스테이션을 만들어 우리나라의 수요까지도 독차지할 가능성도 있다. 이에 대비해 우리나라 선박관리회사를 대형화시키고 전문화시켜야겠다.

나가며

한국해운이 최근같이 재무적으로 안정화된 적은 없다. 천재일우의 기회이다. 경기하강시 산업전체가 집단 도산에 빠질 정도로 부채가 많았던 해운업계가 이제는 안정적으로 영업을 할 수 있게 됐다. 이를 발판으로 국내적으로는 일류 산업군으로, 세계적으로도 일류 해운국이 되어야 한다. 이를 위해서는 높은 전문지식수준을 보유해야겠다. 국제경쟁력을 가지게 하는 톤세제도를 존치시켜야 한다. 탈탄소에서 새로운 밸류체인을 잘 잡아서 선도해야 한다. 자율운항선박은 2단계와 3단계로 한정시키고 육상의 원격조종자를 잘 배출해야 한다.

무엇보다 중요한 것은 공부하는 자세이다. 급변하는 경제환경에서 새로운 지식을 계속해서 습득해야 한다. 배우지 않으면 도태된다. 재력이 아무리 탄탄해도 공부가 되지 않아서 영업이 되지 않으면 적자가 나게 된다. 1957년 신성모 국무총리서리가 한국해양대학에 학장으로 부임했다. 항해와 기관 등 선박운항만 아는 젊은 교수들을 서울의 대학에 학사편입을 시켜서 법학과 경영학, 경제학을 공부하게 했다. 4~6년간 지원을 해주었다. 이준수 박사(국민대 법대), 손태현 박사(연세대 상대), 배병태 박사(연세대 법대)가 대표적이다. 우리나라 해운경영 및 해상법의 태두가 된 것이다.

조선산업계 출신 중에서 경영과 법학전공자가 안 보인다. 해운산업에는 해운경영과 해상법 전공자가 여럿 있어서 산업을 보호・지지하는 기능을 한다. 신성모 학장의 교육을 중시한 선견지명의 덕분이다. 한편 해운산업에서 성공했다고 했던 회사들이 오래가지 못했다. 경영진들이 대학이 제공하는 교육제도를 충분히 활용해서 자신과 직원들을 일류로 만들었어야 하는데 그렇지 못했다. 정말 좋은 기회가 왔다. 해운산업이 국내 일류 산업이 되고 국제적인 경쟁력 갖추어 국제적으로도 일류가 되도록 기회를 선용하자.

제 4 장

HMM 매각 불발: 한국 원양 정기선사의 새로운 도약을 꿈꾸며*

우리나라 수출액은 700조원에 달한다. 고가의 수출품은 비행기로 실어 나르지만 99%가 선박으로 수송된다. 수출에는 선박이 필요하다. 이렇게 수출입품을 컨테이너라는 박스에 넣어서 실어 나르는 선박을 컨테이너 선박이라고 하고, 이들을 운영하는 해운의 방식을 정기선(定期船, liner) 운항이라고 한다. 정기선은 공표한 시간표에 맞추어 운항하기 때문에 붙여진 이름이다. 미국 서부로 가는 항로는 월요일과 목요일에 부산항을 출항하는 것과 같은 방식이다.

우리나라 정기선은 아시아 역내 항로를 다니는 선사와 미주 및 유럽을 다니는 선사가 있다. 전체 물동량의 1/2을 차지할 정도로 아시아 역내 항로의 정기선도 중요하다. 그러나 여기는 우리 상품의 50%를 우리 정기선사들이 실어 나를 정도로 우리가 우위를 점하고 있어서 걱정이 덜하다.

---

* 아주경제, 2024.2.28.

미국과 유럽에 다니는 우리 원양 정기선사로는 HMM과 SM상선이 있다. SM상선은 2017년 한진해운이 파산시 한진해운의 미주노선을 입찰로 매입하여 지금까지 단출하게 운항하고 있다. 반면 HMM은 우리나라 대표 선사이자 최대의 정기선사가 되었다. 컨테이너를 실을 수 있는 공간 약 80만TEU를 가진 정기선사로 세계 8위이다. 그러나 얼라이언스를 구성하는 정기선사 중 가장 규모가 작다. 한진해운이 파산할 무렵 일본은 경쟁력을 갖기 위하여 3개의 대형선사가 자신들의 컨테이너 선박을 모두 모아서 하나의 회사로 뭉쳤다. 싱가포르에 본사를 둔 ONE이 탄생했다. 약 170만TEU이다. 우리보다 2배의 규모이다. 대만은 3개의 원양정기선사를 가진다. 에버그린과 양밍 그리고 완하이이다. 합치면 250만TEU가 된다. 우리보다 3배 규모이다.

어림잡아서 자기 나라 수출품을 실어 나르는 비율이 한국 15%, 일본 20%, 대만 25%이다. 나머지는 다른 나라의 정기선이 실어 나른다. 1990년대 후반에 현대상선, 한진해운, 조양상선이 있을 때에는 50%까지 우리 상품을 우리가 실어 날랐다. 외국에 개방된 시장에서 우리나라 HMM도 타국에서 짐을 싣는다. 나쁠 것이 없다. 그러나, 비상시에는 외국정기선사는 자신에게 유리한 항구로 먼저 가므로 우리나라에는 기항하지 않고 결항이 많음을 경험했다. 그 결과 운임이 대폭 인상되고 선적할 배가 없어서 우리 수출입화주는 큰 피해를 입었다.

2001년 조양상선에 이어서 한진해운이 2017년 파산되면서 HMM 하나만이 남았다. 삼 형제가 있었는데 한 사람만 살아남은 격이다. 정부의 도움으로 유럽항로를 회복하기 위한 초대형선 12척이 발주되고 미주항로를 위하여 중·대형선 8척이 발주되었다. 마침 코로나19 특수가 와서 HMM은 영업이익률 60%라는 경이적인 실적을 내고 현재 유보금으로 10조원 이상의 현금을 가지고 있다. 해양진흥공사도 영구채 일부의 주식전환 후 매각 등으로 상당한 현금성 자산을 보유하고 있다.

산업은행은 대우조선해양을 2022년 성공적으로 민영화에 성공했다. 한화그룹이 2조 2천억원어치의 신주를 인수하여 최대지분을 갖고 경영권을 확보했다. 정부는 여전히 25% 정도의 지분을 가지면서 후견인의 지위를 자청했다. 이 여세를 몰아 산업은행은 HMM의 민영화를 시도했다. 우선협상대상자로 하림그룹이 선정되었지만, 경영권 제한에 대한 협상이 실패로 돌아가 2024년 1월 최종적으로 무산되고 말았다.

민영화 작업 이후 변화된 시장환경

긴축정책으로 인한 물동량 감소

2023년부터 미국을 비롯한 각국 정부는 코로나19 시기에 풀었던 유동성을 회수하는 정책을 폈다. 전세계적으로 소비수요가 줄어들면서 물동량이 줄었다. 그런데, 2021년과 2022년 대규모의 흑자를 낸 정기선사들이 새 컨테이너 선박의 발주를 해왔다. 2023년은 물론 2024년 2025년 현재보다 25%의 선박이 시장에 나올 계획이다. 공급과잉이라는 의미이다. 운임은 떨어지게 된다.

정기선의 운항방식과 경쟁법에 대한 이해

정기선사들은 혼자서는 운항이 어렵다. 2만TEU 선박에 자신의 화주의 화물로 선박의 공간을 모두 채울 수가 없다. 그래서 2~3개 다른 정기선사에게 선박의 공간을 빌려준다. 이렇게 해서 만선으로 운항을 하면 모두가 좋다. 같은 비용에 운임수입이 많아지므로 운임 자체도 내려가고 운송인들도 효율적으로 선박을 사용해서 좋다. 2016년 이후 이런 공동운항이 더욱 심화되었다. 정기선사들은 3개의 공동운항체를 만들어 운항을 해왔다. 시장점유율이 80%에 가깝다. 미국은 이를 독과점(시장지배적 지위)으로 보는 것 같다. 운임을 좌지우지할 수 있다는 것이다. 2022년의 높은 운임은 이들 공동운항체의 시장점유율이 80%에 가깝기 때문이라는 비판도 있다. 미국 정부는 이들에 대한 부정적인 시각을 보이며 개선을 압박하고 있다. 이의 여파로 2M은 결렬되어 MSC라는 정기선사는 독자운항을 할 것으로 보인다.

EU는 정기선운항에 대하여 매우 우호적인 입장을 취해왔다. 시장점유율이 30%를 넘지 않는다면 아무런 조치 없이 공동운항이 가능하게 했다. 심지어 합리적인 결항도 허용했다. 코로나19 시절 높은 운임 등에 불만인 화주들의 반대가 심해지자 EU는 개별적인 심사를 거쳐서 공동행위를 허용해 주겠다는 엄격한 입장으로 선회했다. 얼라이언스가 해왔던 전통적인 정기선사들의 노선이나 선박공유하는 것은 어려움을 겪을 것으로 보인다. 단독운항을 하면서 필요한 경우 슬로트 용선을 하는 방안이 검토 중이다.

최근 HMM과 같이 같은 얼라이언스에 속하던 독일의 하파그로이드가 머스크와 2025년부터 공동운항을 발표했다. 하파그로이드는 양밍, ONE, 그리고 HMM과 같이 디 얼라이언스에 속해 있다. 이렇게 되면 HMM은 좋은 파트너를 잃게 된 것이다. 하파그로이드는 유럽선사이기 때문에 HMM의 유럽항로 영업에 훌륭한 파트너였다. 단독으로 운항이 어려운 것이 현실이기 때문에 영업상 상당한 위기에 처한 것이다.

HMM의 재매각이 최선인가?

이런 상황하에서 HMM 매각절차가 종료되었다. HMM은 민간에 매각되어 위와 같은 상황에 대한 대책을 신속하게 세워 갈 것으로 기대되었다. 매각 실패 소식과 함께 HMM을 어떻게 할 것인지 초미의 관심사가 되었다.

다시 매각 절차를 밟게 되면 회사도 어수선하다. 새로운 주인이 올 때까지 투자를 하지 못하고 선제적이고 과감한 결정은 어렵다. 공고된 대로의 재산상태로 매각되어야 하므로 현재의 최대주주도 손을 대기가 막막하다. 긴 절차에 대외 신뢰도가 낮아지면서 대 화주 경쟁력이 떨어진다. 당분간 현재대로 정부가 최대주주로서 경영권을 행사하면서 체력을 보강하다가 국내 우량기업이나 우량한 국내 컨테이너 선사에 매각하는 것이 바람직하다.

정기선영업 발전을 위해 해야 할 일

2배 이상의 선대의 보강

단독운항을 하려면 현재보다 2배의 선복이 있어야 한다. 현재 HMM의 80만TEU는 일주일에 두 번씩 출항하는 경우라면 유럽과 미국 서부만 가능한 선복량이다(1주당 1척을 배치하면 유럽노선에는 12척, 미국서부에는 8척이 필요함). 미국동부, 호주 등은 우리 정기선 노선이 없으므로 외국정기선사를 이용해야 한다. 우리 화주의 수출경쟁력이 떨어진다. 코로나 시기에 외국정기선사들이 운임이 높은 중국의 항구에 기항하고 우리 부산항은 결항을 많이 했기 때문에 절대적으로 불리한 상태가 지속된 경험이 있다. 새로이 선박을 건조하거나 임대해서 선대규모를 늘려야 한다. 다행히 현금이 많이 보유되어 있다.

주목받지 못하고 있는 원양정기선사로 SM상선이 있다. 작은 규모이다. 대만의 완하이, 이스라엘의 짐라인, 싱가포르의 필 등 얼라이언스에 들어가지 못해도 독자적으로 영업을 잘하는 사례가 있다. 보다 적극적인 시장 참여가 요구된다. 과거 3개 원양정기선사가 있을 때와 같이 SM상선도 더 성장해서 우리 원양정기선사가 과거의 영광을 되찾아야 한다.

선박 금융구조의 개선

선대를 보강하는 것과 함께해야 하는 것이 금융비용을 줄이는 것이다. 선박은 고가의 동산이기 때문에 담보가치가 있다. 선가의 70~60%까지는 은행에서 대출을 받을 수 있다. 일본의 경우도 70% 정도까지는 외부로부터 차입을 한다. 우리나라는 90%를 차입한다.

우리나라 운송인의 선박의 대부분은 70~90% 정도의 대출로 구입한 것이다. 그러므로, 원금을 갚고 이자를 갚는 데에도 힘이 든다. 이렇게 건조하여 인수한 선박을 소유자로서 수요자에게 용선해준 경우 혹은 운송인이 된 경우 시장에서 운임이 심하게 떨어지면 벌어들이는 돈보다 원금상환과 이자로 나가야 하는 돈이 더 많다. 결국 빚을 갚지 못해 도산하게 된다. 이런 경험을 한국해운은 여러 차례 주기적으로 겪어왔다.

2023년부터 지금은 정기선사들은 코로나19 특수로 벌어들인 유보금으로 선대의 금융구조를 개선할 호기이다. 이미 많은 우량선사들은 차입금을 변제한 것으로 안다. 선박 1척당 빌린 돈이 50%인 경우와 90%인 경우 이자와 원금상환을 감안하면 전자가 훨씬 유리한 점은 상식이다. 운임이 대폭 떨어져 적자가 발생하는 해운시장 불황이 와도 전자는 살아남을 수 있다. 일본은 이자율이 낮기 때문에 오랜 기간 우리보다 유리한 입장이었다. 해운 불황시 일본 선사는 문제가 없는데 우리 선사들이 유독 어려움을 겪는 이유이다.

민간 선주사의 육성

민간 선주사를 육성해야 한다. 그리스는 5,000척의 선박을 그리스 민간 선주사가 소유한다. 자신은 선박을 운항하지 않고 임대해

주어서 임차료를 받는 영업을 한다. 일본의 경우도 1,300척 정도의 민간 선주사의 선박이 있다. 우리나라의 경우 선주업만을 목적으로 영업하는 민간 선주사는 찾기 어렵다. 일본의 경우 NYK와 같은 대형정기선사도 1/3은 선주사로부터 빌린 선박이다. 컨테이너 정기선사들은 선박을 일정 정도 임대하여 사용한다. 임차료만 지급하면 되는 것이기 때문에 불경기시에 유리하다. 불경기시의 위험을 선주사가 안아주는 것이다. 선주사는 민간 회사가 선주업을 하는 경우도 있지만 금융사가 하는 경우도 있다. 그리스와 일본은 전자이고 중국은 후자이다. 전자가 더 효율적이다. 300척을 육성하면 연간 매출액이 5조원에 이르고 고용이 늘어나는 효과가 있다. 자체 비즈니스가 된다.

컨테이너 터미널의 확보

컨테이너 터미널을 확보해야 한다. 정기선의 정시율을 높이려면 자신이 소유하고 운영하는 터미널이 있어야 한다. 2021년 물류대란의 경우 미국서부에서 우리 화주들의 화물의 이동이 느린 것이 HMM이 자체 보유한 터미널이 없었던 것도 하나의 원인이라는 분석도 있다. 현재 이미 터미널을 차지한 소유자들이 있기 때문에 신규 터미널에 투자하는 것도 방법이다.

화주와의 관계개선

화주와의 관계개선이다. 우리 화주가 더 많이 우리 HMM을 선호해 주어야 한다. 선박의 공간인 선복을 가능한 많은 자국 화주의 화물로 채워야 독자노선도 가능하고 얼라이언스 내부에서도 발언권이 강해진다. 장기운송계약으로 화물을 많이 전환해야 한다. HMM은 양밍과 함께 스폿 화물이 많은 것으로 알려졌다. 장기운송계약이 많아야 안정적인 영업이 된다. 그때그때 시황에 따라 운송계약에 체결되면 호황 때는 높은 운임을 받지만 불황 때는 아주 낮은 운임으로 계약하거나 아예 화주를 구할 수 없다.

장기운송계약은 안정적인 선박공간의 확보와 안정적인 운임확보라는 측면에서 화주에게도 좋다. 대량화주는 정기선사와 운송계약을 체결하면서 대량의 화물이므로 운임의 할인이 가능하다. 원래는 미국경쟁법상 이러한 우대는 경쟁법 위반으로 허용되지 않는다. 그러나 미국해운법상에서는 상기의 행위가 허용된다. 소량화주들은 불리하기 때문에 화주협의회를 만들어 장기운송계약체결이 가능하다. 우리나라도 정기선사들은 화주협의회를 통해서 소형화주들과 장기운송계약을 체결하도록 해서 안정화해야 한다.

톤세제도의 영구화

회사는 영업이익에 대하여 일정한 비율만큼 법인세를 내게 된다. 그 법인세를 선박이 보유하는 선박의 톤수로 내는 것을 톤세제도라고 한다. 기존의 법인세를 낼지 아니면 톤세로 세금을 낼지는 해상운송사업자의 선택에 의한다.

톤세는 5년마다 일몰로 정한다. 영업이익이 많이 난 2021년과 2022년 해운업계는 세금으로 절세하여 수익을 많이 남겼다. 해운업은 10년의 불황에서 1년의 호황이 반복되는 사업이다. 1년의 호황에서 번 돈으로 9년을 버티는 것이다. 호황기에 영업이익을 절세하여 모은 돈으로 9년을 버티라는 의미이다. 톤세제도의 뒷배경은 이런 해운업의 특성이 반영된 것이다. 1년을 보지 말고 10년을 묶음으로 보아야 한다. 최근의 글로벌 환경이슈에 대응하기 위해서 친환경 선박의 건조 및 확보는 필수불가결하다. 이를 위한 재원 마련 방안으로 톤세제도를 활용해야 한다. 그리스, 영국, 일본, 싱가포르 등 대부분의 해운선진국이 톤세제도를 택하고 있다. 이렇게 한 번씩 남는 수익으로는 선대의 금융구조를 개선하는 쪽에 사용해서 불황을 대비해야 한다.

선원의 안정적 공급

선박이 있고 화물이 있어도 선원이 없으면 선박을 운항할 수가 없다. 그래서 선원의 존재는 언제나 중요하다. 가족과 떨어져 바다에서 생활해야 하는 선원직은 자체로 매력적이지 않다. 3D업종으로 분류되어 젊은이들이 장기승선을 피하는 현상이 나타난다. 외국인 선원들을 고용할 수밖에 없다. 노사합의가 이루어져 개선된 것으로 안다. 가능한 우리 국민들을 활용해야 한다. 40대, 50대, 60대라도 희망하는 분들은 교육을 시켜서 면허를 발급해서 해기사로 활용해야 한다. 앞으로 20대는 인구가 작고 50대, 60대는 인구가 많다는 점에 착안하여 장년층도 잘 활용하는 인력양성구조가 되어야 한다.

디지털화를 반영한 해상법의 변화

전자화가 빠르게 진행된다. 해운에서 전자화는 자율운항선박과 전자선하증권으로 대별 된다. 선박운항 작업이 단순한 컨테이너 정기선에서 자율운항선박은 다른 업종의 선박보다 더 쉽게 도입될 수 있다. 원격조종을 하는 제3단계 자율운항선박이 2030년경에는 도래할 것으로 본다. 선박에 선장이 승선하지 않는 현실이 다가온다. 해상법, 선원법 등은 선장이 승선하는 것을 전제로 한다. 바다에서 선박끼리 만나서 충돌을 피하는 방법도 선원이 승선중임을 전제로 한다. 이에 맞추어 해상법, 선원법, 해상교통법이 변경되어야 한다.

컨테이너 선박 한척이 출항시 선하증권이 1,000장 이상 발급된다. 이를 전자화로 한다면 비용이 크게 줄어든다. 세계는 현재 선하증권을 전자화하는 방안을 강구중이다. 전자선하증권을 상법에 입법한 우리나라는 정부가 인정하는 등록처에 등록해서 전자선하증권을 발급하고 유통하도록 했다. 최근에는 블록체인을 이용한 자유로운 방식이 채택되어 국제적인 기준이 되고 있다. 변화가 필요하다. 5년 내에 전자선하증권이 상용화될 때를 대비해서 본격적인 연구와 국제화를 해야 한다. 이런 법적 조치들이 느려지면 선사들에게 비용이 발생하여 국제경쟁력이 떨어지게 된다. 유통선하증권도 곧 전자적으로 발행되고 유통될 것으로 본다.

온라인 플랫폼을 이용한 운송계약의 체결이 많아지고 있다. 정기선사가 운영하는 플랫폼에서 화주와 정기선사가 직접 접촉할 기회가 많아진다. 그래서 포워더 등 중간에서 도움을 주는 자들이 활용되지 않는 현상이 나타난다. 마스터 선하증권이 발행되는 경우가 줄어든다.

정기선사의 운임 및 운항공동행위 허용 존치(해운법 제29조)

우리나라는 1960년부터 해운법에 경쟁법적인 요소를 넣고 규율해 왔다. 1978년 운크타드의 정기선 조약(Liner Code)을 받아들여 정기선사들은 운임에 대해서도 공동행위를 할 수 있도록 했다. 공정거래위원회에서도 정기선사들은 운임에 대해서 공동행위를 할 수 있다. 다만, 화주와 협의하고 해양수산부에 신고를 하라는 것이다. 유럽에서는 운항에 대한 공동행위만 허용되고 개별적으로 당국으로부터 허가를 받도록 변경된다. 우리나라보다 엄격하다. 우리나라 해운법 제29조는 그대로 두어야 한다. 이를 유럽에 맞추어 삭제하면 동남아 시장 등 완전경쟁이 있는 경우 우리 정기선사들이 운임에 대하여 공동행위를 할 수 없게 되어 불리하게 된다. 그래도 존치시키면서 우리 선사들이 동남아시장에서는 운임공동행위를 하면서, 유럽에 가는 선사들은 유럽의 높은 기준에 맞추어서 운영하면 된다.

다시 한번 세계를 향해

우리나라 GDP 2,000조원의 70%인 1,400조원을 차지하는 수출입화물은 대부분 컨테이너박스에 넣어져서 운송된다. 그중에서 미주, 유럽항로의 경우 15~20%만 우리 정기선사에 의한다. 이것만 보아도 유사시 수출이 외국선사에 의하여 좌지우지됨을 알 수 있다. 경제안보에서 취약하다. 1990년대는 그 비중이 50%가 되었다.

원양컨테이너 운송사업은 자체로 큰 비즈니스이다. 수출입 화물이 없는 덴마크의 머스크는 1년 매출이 50조원이다. 다른 나라의 수출입에 자신이 끼어들어 매출을 올림을 알 수 있다. 이렇게만 보아도 원양정기선 부분은 블루오션이다. 우리가 하기에 따라 큰 부를 창출할 수 있는 것이다.

이렇게 중요한 원양정기선 부분은 1990년대 전성기를 이룬 다음 약 30년간 취약한 상태이다. 다행히 정기선사들은 코로나19 특수로 현금보유가 많아졌다. 10년 불황에 1년 호황이라는 업황의 사이클상 2024년은 호황의 특수를 10년 불황에 대비할 수 있는 마지막 황금 같은 기회이다.

마침 매각에 나섰던 HMM도 불발에 그쳤다. 더욱 나빠진 원양외항정기선 시장의 불안함을 반영하여 당분간 정부가 주도권을 가지면서 원양정기선을 안정화시키는 것이 좋다. 정부, 금융권, 당사자인 정기선사, 화주, 전문가들이 힘을 합쳐 우리 원양정기선사를 안정화시키고 발전시켜 세계를 제패하도록 하자. 한진해운은 스페인의 알헤시라스항에 터미널을 확보하고 이탈리아의 화물을 아프리카에 날라주는 국제비즈니스를 2000년대에 했다. 한국 해운의 진취성이 극대화된 사례이다. 한국 외항 정기선이여, 다시 한번 세계로 뻗어나가자!

제 5 장

HMM 재매각 서두르면 안 되는 이유*

국내 최대 선사인 HMM의 민간에 대한 매각 협상이 최종적으로 결렬됐다. 시작한 일이 마무리되지 못한 것은 아쉽고 안타깝다. HMM은 국민 세금과 정부 지원을 통해 정상화된 우리나라 유일의 외항 정기선사이기에 더욱 그렇다. 우리는 수출로 700조원의 매출을 올리는데, 99%가 선박으로 운송된다. 해운업이 중요한 이유다.

이제 중요한 건 HMM의 후속 처리인데, 잊지 말아야 할 것이 있다. 매각 작업을 시작했을 때는 코로나19 특수로 세계 정기선사 모두가 사상 유례 없는 매출을 올릴 때였다. HMM도 영업이익률 60%를 기록했다. 정기선사들은 초호황 때 번 돈으로 많은 선박을 발주했다. 향후 인도될 컨테이너 선박 숫자가 너무 많다. 현재 선복량의 25%가 추가로 공급될 예정이다. 그런데 작년부터 세계는 긴축 경제에 진입했다. 수요보다 공급이 많으면 운임은 떨어지게 된다.

지금 당장은 홍해 사태로 운임이 반등했지만 향후 2~3년간 낮

* 매일경제, 2024.3.18.

은 운임이 예상된다. 그러면 정기선사는 출혈 경쟁을 하면서 경쟁력이 낮은 회사를 시장에서 퇴출시킬 것이다. 그런 식의 불황에 조양상선이 2001년, 한진해운이 2017년 사라졌다. HMM은 대형선을 갖추고 있어 선가 경쟁력은 있지만 유럽 등 선사에 비해 화주와의 장기운송 계약 비율이 낮다. 경기 부침에 많은 영향을 받는 구조라는 뜻이다.

정기선사는 운항동맹을 맺고 공동행위를 통해 영업력을 극대화한다. 세계 원양 9개 정기선사는 3개의 공동운항 체제로 운영되고 있다. 이들 3개 얼라이언스가 거의 비슷한 점유율을 유지하며 전체 시장의 80% 이상을 점유하고 있다. 미국 경쟁당국으로부터 독과점이라는 비판의 대상이 되고 있는 배경이다. 정기선사들은 독과점 제재를 피하기 위해 얼라이언스를 대여섯 개로 재편하는 과정을 거치고 있다.

유럽에서도 공동운항 체제에 대한 경쟁법 적용이 강화됐다. 이 때문에 얼라이언스들은 점유율을 낮추기 위해 전통적인 3~4개 회사의 공동운항 체제 대신 1~2개 회사가 독자적으로 운항하는 형태로 전환될 전망이다. 현재 총화물운송규모가 80만TEU(1TEU는 20피트짜리 컨테이너 1개분)인 HMM이 독자적인 경쟁력을 갖추려면 일본의 ONE과 같이 160만TEU는 돼야 한다. 그래야 기존 유럽과 미국 서부 노선에 이어 추가적으로 미국 동부나 남미 등 독자 노선을 만들 수 있다.

이처럼 정기선 환경이 매우 좋지 않다. 남은 것은 엄중한 대외환경 속에서 HMM이 외국 정기선사와 어떻게 경쟁하면서 우리 수출입 화물을 안전하고 저렴하게 수송해줄 수 있을지 다시 고민할 일이다. HMM의 향후 처리 방향은 정부가 30% 정도 지분을 갖고 민영화에 나설 것인가, 아니면 정부가 지분 60% 이상으로 최대주주 지위를 당분간 유지할 것인가로 귀결된다. 재매각을 실시할지 아니면 정부가 최대주주로 경영할지를 신속하게 정해야 한다.

다만 현재의 불안한 해운 환경을 고려하면 산업은행과 한국해양진흥공사가 HMM을 경영하면서 당분간 불황을 타개하는 편이 낫다고 본다. 물론 유보금 10조원 이상을 HMM이 효과적으로 투자하지 못했다는 점에는 주의를 기울여야 한다. 지금과는 다른 특단의 경영 방식, 즉 신속한 의사 결정과 과감한 투자 결정을 내릴 수 있는 체제를 잘 갖추어야 할 것이다.

제 6 장

내항 해기사 양성과정 정부지원해야*

필자는 지난 3월 17일 인천 월미도에 위치한 인천해사고등학교를 찾았다. 지난해 처음 도입돼 최근 업계 주목을 받고 있는 인천해사고 부설 해기교육원의 6급 내항상선 해기사 교육과정이 어떻게 진행되는지 너무 궁금했기 때문이다. 교장을 퇴임하고 지금은 해기교원장을 맡고 있는 김상환 원장과 김동훈 교사를 만나 궁금증을 풀 수 있었다.

인천해사고는 과거 정원이 280명이었지만 지금은 6학급에 18명씩 총 108명으로 줄어들었고 매년 85명 정도가 취업한다고 한다. 외항상선에서 들어오는 취업 요청이 졸업생의 2배 이상에 달해 내항상선에 취업하는 학생은 거의 없다. 학생들이 4급 면허를 취득하고 외항상선에서 3년간 근무하면 병역을 면할 수 있지만 내항선은 이와 같은 승선근무예비역 혜택이 없다.

상선 근무후 재직자 전형으로 대학에 진학하는 학생도 일부 있

---

* 김인현 칼럼(102): 한국해운신문, 2024.3.21.

다고 한다. 인천해사고는 전국 55개 마이스터고 중 하나로 평균 2:1의 경쟁률을 보일 정도로 인기가 있다. 국립으로 운영되고 대도시에 존재한다는 장점도 있다. 해양수산부 산하기관으로 교육비는 물론 기숙사비, 교복, 책 등 모두 국고에서 무료로 지급된다. 지금까지 인천해사고 졸업생은 5,200명 정도인데 졸업후 2~3년간 승선하는 비율은 90% 가까이 되지만 5년후 승선율은 50%로 떨어진다. 다만 하선하더라도 조선소, 해경 등을 포함해 90% 정도가 해양산업에 남아 있다.

해사고나 해양대 등 정규 학교과정을 밟지 않고도 해기사가 될 수 있는 방법이 두 가지 있다. 하나는 한국해양수산연수원의 오션폴리텍 과정으로 2개월 좌학과 4개월 실습으로 5급 해기사 면허를 취득해 외항상선에 취업할 수 있다. 오션폴리텍 3급 해기사 과정도 별도로 운영되고 있다. 또 하나는 인천해사고 해기교육원이 진행하는 내항상선 해기사 양성 과정으로 3개월 좌학에 3개월 실습후 6급 해기사 면허를 취득해 내항상선에 취업할 수 있다. 전자는 국가가, 후자는 민간이 운영하는 과정이라는 점에서 차이가 있다.

내항상선 해기사 양성과정은 해기사를 구하기 어려운 내항해운업계의 어려움을 해소하기 위해 한국해운조합이 인천해사고에 의뢰해 진행하는 민간 해기사 양성과정이다. 해기사를 양성하려면 지정 교육기관이 필요해 해운협회가 인천해사고와 협약을 맺고 해기교육원을 설치했다. 이 과정은 기숙사에서 생활하지 않고 출퇴근하며 강의를 들을 수 있다. 강사료 비용은 해운조합이 부담하고 1년에 2번, 총 80명의 6급 해기사를 양성하고 있다.

지난해 봄 1기 40명(항해 20, 기관 20)을 모집했는데 46명이 지원했고 최종적으로 24명이 수료했다. 가을에 2기를 모집했는데 88명이 지원했고 40명이 수료했다. 수료생들의 나이가 평균 45세로 대졸자가 70%인데 모두 5급 해기사 면허를 취득했다. 적지 않은 나

이에 새로운 직장을 잡는 분들은 외항상선 선장까지 새로운 장기간의 인생계획을 세우고 있다.

이 과정은 고용노동부 노사발전재단의 중장년층 일자리센터가 직업설명회를 도와준다. 30~40명을 모아주면 찾아가서 설명을 해주는데 여기서 많은 이들이 지원한다고 한다. 강원도 사북탄광이 폐쇄됨에 따라 새로운 일자리를 찾는 40~50대들로부터 과정을 소개해달라는 요청도 있었다. 바다에 대한 로망이 있었지만 다른 길을 걸었던 이들이 내항상선 해기사 양성과정을 통해 제2의 인생을 선택할 수 있게 됐다. 앞으로 연안여객선 공영제가 실시되면 5급 해기사가 더 많이 필요할텐데 이 과정을 통해 6급 면허를 취득하고 이후 5급이 되면 근무가 가능하므로 본 과정이 주목받고 있다.

내항상선 해기사 양성과정 수료생들은 내항화물선, 연안여객선, 급유선, 예인선 등에 취업할 수 있는데 보통 월 300만원을 받고 출퇴근도 가능하다. 물론 근무 여건이 외항상선에 비해 열악해 수료생들이 꿈을 잃지 않고 장기승선할 수 있도록 해줘야 한다는 숙제가 남아있다. 외항상선은 월 300만원까지 비과세 혜택을 받지만 내항상선은 없다. 비과세 혜택이 내항상선까지 확대되면 유인책이 될 수 있을 것이다.

인천해사고 해기교육원은 원장을 포함해 4명의 강사가 교육을 책임지고 있는데 인원보강이 필요하다. 해운조합이 조합원들의 회비로 이 과정을 운영하고 있지만 상당한 부담이 될 것이다. 우리나라 상선의 해기교육은 국가가 비용을 부담해 양성하는 구조이므로 6급 해기사 양성과정에 국가가 일부 지원한다면 양성과정이 더 알차게 지속될 수 있을 것이다. 6급 해기사 양성과정이 지속 발전돼 내항상선 해기사 부족 문제를 해소할 수 있도록 해야 한다.

제 7 장

미국 볼티모어 교량 붕괴사고에서 손해배상의 문제*

들어가기

국제무역에서 상품은 선박으로 이동되어 항구에 도착한 다음 육지의 수입자에게로 흩어져 배달된다. 항구는 선박과 육지를 이어주는 중요한 역할을 한다. 항구가 육지 깊숙이 설치된 경우도 있다. 선박은 각종 구조물을 지나서 항구로 입출항을 한다. 미국과 같은 나라는 강이 많이 있어서 내륙으로 들어간 자리에 항구가 자리한다. 미국 동부의 볼티모어도 그런 입지적인 조건을 가지는 항구이다. 만이 있다면 만을 통과하는 다리를 놓아서 교통이용자에게 편리를 제공한다. 그런데 그런 다리는 항해하는 선박에게 큰 방해물이 된다. 교통이용자의 편리를 제공하면서도 선박의 통항에 안전한 그런 다리가 필요하다. 다리는 선박의 통항이 가능하게 충분한 높

* 김인현 칼럼(103): 한국해운신문, 2024.3.30.

이와 폭을 가져야 한다. 선박은 그 여유 내에서 안전하게 통과해야 한다.

그런데 이번 미국 동부에서는 이런 약속이 지켜지지 않아서 2024년 3월 27일 출항하던 컨테이너선 달리호가 교각을 들이받아 전체 다리가 무너지는 사고가 발생했다. 볼티모어 항구가 수 주 동안 폐쇄되어 선박의 운항이 불가할 것이라는 외신 보도가 나왔다. 비록 미국 내에서 발생하여 미국법이 적용될 사항이지만, 선박 충돌이나 접촉 사고는 전세계적으로 어디에서나 발생할 수 있는 사고이므로, 공통의 주제에 대한 법적 검토를 해보고자 한다.

선박 관련 운항자, 소유자, 운송인 등

이런 류의 사고가 발생하면 누가 책임의 주체가 되는지 중요하게 된다. 선원을 공급하여 사용자가 되는 자가 불법행위상의 사용자 책임을 지는 것은 세계적인 공통된 법리이다. 사고 선박 달리호는 2015년 현대중공업에 의하여 건조된 컨테이너 운반선이다. 싱가포르 회사인 그레이스 오션(Grace Ocean)이 소유자(선주사)인 것으로 알려졌다. 선박관리는 시너지 마린 그룹(Synergy Marine Group)이라는 선박관리사가 했다. 별달리 선체용선자(BBC)가 나타나지 않는다. 정기선사인 머스크가 운송인인 것은 분명하다.

머스크는 장기로 정기용선계약을 선주사로부터 했을 것이다. 정기용선계약시 이미 승선한 선원을 그냥 승선한 채로 데리고 오는 것이므로 선원들은 선주사의 사람들이라고 보아야 할 것이다. 머스크는 운송인으로서 책임을 부담할 뿐이다. 불법행위상의 사용자 책임은 선주사인 그레이스 오션이 부담하게 된다. 머스크는 화주와 운송계약을 체결하였다. 선박에는 4,679TEU가 실려 있었다(약 10,000TEU의 적재능력 보유). 머스크는 MSC와 공동운항을 하므로 선박 위에는 MSC가 운송인인 컨테이너도 있었을 것으로 보인다. MSC의 화주는 머스크가 아니라 MSC에게 채무불이행 책임을 묻게 된다.

사고원인

사고원인은 정확하지는 않지만, 운항상의 과실이다. 다리의 중간을 지나야 할 것을 교각을 향해서 선박이 진입했기 때문에 사고가 발생한 것이다. 선박이 다리를 향해 진입한 것은 조타장치가 말을 듣지 않았기 때문이다. 자동차의 핸들과 같이 조타장치를 움직여 다리의 중간으로 들어가는 방향을 잡아야 하는데 그렇게 하지 못했다. 조타장치가 움직이지 못한 것은 기관이 고장나서 전원이 공급되지 않아서 그럴 것이다. 기관이 작동되지 않고 꺼지게 된 것은 기관의 고장 혹은 공급된 연료의 잘못 등 여러 가지 원인이 있다.

도선사 2명이 타고 있었다. 도선사의 과실로 인한 사고시 누가 책임을 부담하는가? 도선사는 선박소유자의 일시적 피용자로 보아야 한다. 선장의 과실도 경합되었다고 보면 선장과 도선사의 공동불법행위가 있었다고 보인다. 어느 경우에나 선박소유자의 사용자 책임이 인정될 것이다. 도선사의 채용에 대한 비용은 정기용선자가 부담하지만, 도선행위는 선박조종과 관련되므로 선박소유자의 몫이다. 도선사에 대한 제3자의 청구는 이론상 인정되지만 현실적으로 쉽지 않다. 사고는 선박자체의 고장에 기인하지만 선장이나 도선사가 비상조치를 취할 여지가 전혀 없었던 것은 아니므로 공동불법행위를 구성할 것으로 보인다.

기관의 고장, 조타기의 고장은 선체의 고장이고 선박 건조와 보수와 관련된다. 건조가 잘못되었다면 건조자의 책임이 될 것이고, 보수의 잘못은 선박소유자의 책임이 된다.

선박이 취해야 하는 주의의무

선박충돌의 경우는 선박 운항자 등의 항해 방법이 국제조약(COLREG)과 국내법에 명시되어 있어서 주의의무 위반, 즉 과실을 쉽게 알 수 있다. 그러나, 외부 물체와 부딪치는 경우에 적용되는 특별한 법규정은 없다. 선박의 운항자는 외부 물체와 부딪치지 않고 항해할 의무가 있다. 이를 위반하여 피해자가 발생하면 불법행위책임을 부담하게 된다. 강을 따라 내려가는 경우에는 특별한 주의가 필요하다. 강에서 선박을 한바퀴 돌려야 할 경우에는 예선(tug)을 붙여서 선박의 움직임을 도와야 한다. 선박의 앞부분에는 사람을 세워서 필요시 닻을 놓는 비상사태에 대한 준비도 해야 한다. 닻을 놓게 되면 선박을 세울 수 있다. 닻을 활용하는 것이 비상사태에 아주 중요한 대비책이다. 선박이 2~5노트로 감속된 경우에만 유효하다. 더 높은 속도로 항해한다면 닻을 놓아도 효과가 없을 것이다. 선박의 조타장치는 중요하기 때문에 기관이 고장나도 비상발전기가 가동되도록 되어 있다. 비상발전기가 제대로 작동되지 않았다면 선박 측의 과실이다.

손해액수와 보험

엄청나게 큰 사고이다. 교량이 파괴되었다. 교량을 새로이 건설하는 비용을 가해자 측에서 배상해야 한다. 6명의 인명 사망이 있었다. 교량피해와 인명사고로 인한 손해는 모두 P&I에서 처리되는 손해이다. 이들은 책임보험에서 처리될 사항이다. 선주들은 선주책임상호보험(P&I)에 가입한다. 본선도 브리타니아라는 영국의 P&I에 가입하여 배상은 문제가 없을 것이다. 피해자들은 가해자인 선주사에게 손해배상을 청구하게 된다. 피해자들이 직접 보험자에게 청구하는 제도를 가진 국가도 있다. 대한민국은 직접청구권을 인정한다(상법 제724조 제2항). 미국은 주법에 따라 다르다.

교량의 파괴로 항구가 몇주간 폐쇄될 예정이다. 이로 인하여 발생할 손해는 상상하기 어려울 정도로 클 것으로 보인다. 항만당국은 입항료 등 수입이 격감한다. 정기적으로 자동차를 운반하는 운송회사도 우회하는 비용 등이 발생할 것이다. 하역인부들도 작업을 하지 못해서 수입이 줄어들 것이다. 이런 비용은 사고와 인과관계가 있는 한 우리 법상으로는 모두 배상받을 것으로 보인다.

그런데, 미국법에서는 물리적 손해와 직접 연결되지 않는 경제적 손해는 배상하지 않는다는 Robin Dry Dock(1927, 제5순회법원) 판결이 있어서 배상의 가능성을 낮게 한다. 사고와 연결고리가 멀면 멀수록 배상이 되지 않는다.

운송인은 화주에 대하여 약속된 대로 운송해주지 못한 책임을 부담해야 한다. 항구를 떠나지 못하는 화물은 지연으로 인한 부패 손해 혹은 인도지연 손해가 발생한다. 자신이 과실이 없음을 입증하지 못하면 손해배상책임을 부담한다. 운송인은 손해를 입은 화주에 대하여 포장당 책임제한이 가능하다. 운송인은 선장 혹은 도선사의 과실로 인한 화물손해에 대하여 항해과실면책을 주장할 수 있다. 준거법에 따라 책임제한액수 등이 달라진다.

공동해손이 선포되어 선주사가 화주들에게 공동해손분담금을 청구할 여지가 있다. 멈추어선 선박에 실린 화물을 살리고 선박을 구하기 위하여 선주사가 예인선을 불러서 선박과 화물을 구조할 수 있다. 이 경우에 선장이 공동해손을 선포하면 예인선 비용을 화주 측과 선주 측이 나누어 부담하게 된다. 먼저 비용을 부담한 선주사는 공동해손분담청구권을 화주에게 행사하게 된다.

선박소유자 책임제한

어느 나라나 할 것 없이 해상위험을 무릅쓰고 해상운송에 종사하는 자들을 위한 책임제한제도가 존재한다. 전세계적으로 통일된 1976년 선주책임제한조약(LLMC)이라는 국제조약이 있다. 우리나라와 중국은 이 조약의 당사국은 아니지만, 동 조약과 거의 동일한 내용을 국내 상법 혹은 해상법에 추가하고 있다. 그래서 세계는 모두 이 LLMC체제라고 보면 된다.

그런데, 미국은 아주 독특한 독자적인 제도를 운영하고 있다. 1851년에 만들어진 책임제한법이 있다. 사고가 발생한 다음 사고선박의 가액이 책임제한액수가 된다. 소위 선가주의라고 한다. 1851년 법이 적용된 사례로는 타이타닉호 사고가 있다. 이와 같이 사고선박이 침몰해버리면 선박소유자의 책임제한액수는 제로가 된다. 이번의 경우 선박은 여전히 온전히 보전되어 있다. 달리호 규모의 컨테이너 선박은 약 1,000억원 정도이다. 그러면 책임제한액수는 1,000억원이 될 것이다. 달리호는 총톤수로 약 9,100톤이다. 1976년 조약과 우리 상법에 의하면 약 100억원 정도가 책임제한액이다. 수조원의 손해가 예상되므로 선박소유자로서는 의미 있는 숫자이다. 인적 손해는 책임제한액이 톤당 420달러로 증액되었다. 책임제한배제사유를 보아야 한다.

1976년 LLMC체제에서는 책임제한이 깨트려지지 않게 되어 있다. 사고발생의 염려가 있음을 알면서도 무모하게 한 행위의 결과라면 책임제한을 할 수 없다(상법 제756조). 그러나 이런 경우는 상상하기 어렵다. 그렇지만 미국법에서는 책임제한이 쉽게 깨지게 되어 있다. 사고를 일으킨 잘못이 있음을 알았다면(privity or knowledge) 책임제한을 하지 못한다. 3년전 동일한 사고가 발생했다면 선박소유자는 그 잘못의 존재를 알았다고 판시될 가능성이 높다. 합리적으로 조사를 했으면 알 수 있었다면, 알았던 것으로 법원이 본 사례가 소개되고 있다. 이 점은 선박소유자에게 불리한 점이다.

불리한 점을 피하기 위하여 선박운항자 등은 책임제한에 유리한 싱가포르 등으로 사건을 가져갈 가능성도 있다. 책임제한을 선주사가 미국에서 시작한다면 미국에서는 책임제한제도를 절차적인 것으로 보므로 외국적인 요소가 있어도 미국의 책임제한법을 적용하게 된다. 국가에 따라서는 선적국법을 적용하는 경우도 있다. 싱가포르는 1976년 LLMC 체약국이므로 책임제한액수면에서 미국법이 적용되는 것보다 선주사에게 유리하다. 이와 같이 어느 나라에서 책임제한절차가 시작되는지 어느 나라 법이 적용되는지에 따라 책임액수 등에서 큰 차이가 나므로 법정다툼이 예상된다.

나가며

최근에 발생하는 사고를 보면 도저히 불가할 것 같은 사고이다. 선박이 대형화되고 자동화되면 대형선은 조종에 어려움이 있고, 입항할 수 있는 항구는 제한적이기 때문에 사고의 위험성은 여전하다. 선박이 대형화되기 때문에 한 번의 사고는 큰 손해를 야기한다. 선박의 대형화와 자동화에 따라 인적 직무능력의 향상도 필요하다.

시스템적으로 사고를 방지하기 위한 추가적인 조치가 필요하다. 선박의 항구 입출항시에는 선수에서 스탠바이를 반드시 해야 하고, 교량 옆에는 항상 예선이 대기하는 등의 조치가 필요하다.

본 사건은 미국에서 발생한 사고로 미국해상법이 연방법과 주법이 다르기 때문에 알기 어려운 측면이 있다. 책임제한법, 해상물건운송법, 경제적 손해의 배상 등에서 미국은 독자적인 입장이므로 해운제국과 다른 법제도가 많다. 국제적 통일성을 기할 필요성이 대두되었다.

제 8 장

달리호 사고가 우리에게 주는 시사점과 영향*

달리호 사고는 2024.3.26. 멀리 미국 동부에서 발생했다. 대형 컨테이너 선박이 볼티모어만을 가로지르는 다리를 들이받아서 다리가 무너지는 큰 사고가 발생한 것이다. 항구가 폐쇄되어 사람들의 통행과 물류의 흐름이 막혔다. 워낙 대형사고이기 때문에 많은 사람들이 관심을 가진다. 미국 NTSB는 5.14. 1차 사고조사결과 보고서를 발표했다.

우리에게 주는 시사점은 무엇일까? 우리나라도 해운국이고 선박이 많기 때문에 동일한 사고가 반복되지 않아야 한다. 사고가 발생하면 손해가 발생하기 전, 원상태가 될 수 있도록 한시바삐 피해자에게 배상해 주는 것이 중요하다. 이하 선박조종, 선원교육, 법적 측면에 대해 설명하고자 한다(필자는 달리호 사고 직후 달리호 사고의 원인, 손해배상책임, 선주책임제한 등 이슈에 대하여 글을 작성하여 해운신

* 김인현 칼럼(104): 한국해운신문, 2024.6.1.

문독자들에게 제공한 바 있다. 해운신문 김인현의 칼럼 101호를 참고바람).

선박조종

선박조종 측면에서의 시사점을 먼저 본다. 도선사와 선장 그리고 항해사가 선교에서 정상근무하는 중이었다. 선수에는 비상투묘를 할 준비가 되어 있었다.

비상기관 및 비상조타장치 등 백업장치

한번 오작동이 발생했을 때 백업을 해주는 장치가 100% 작동되도록 설계되고 처리되어야 한다. 선박에는 발전기가 고장이 나서 전원이 들어오지 않아도 바로 비상발전기가 돌아가도록 되어 있다. 두 차례의 정전이 있었다. 달리호에는 3대의 발전기가 있었다고 한다. 비상발전기는 즉시 가동되어야 한다. 그럼에도 비상발전기가 바로 들어오지 않고 선박은 조종 능력을 잃고 교각을 부딪쳤다. 이는 비상발전기가 제대로 작동되지 않았음을 의미한다. 설계의 잘못인지 아니면 유지보수의 잘못인지는 조사결과로 판단될 것이다. 동시에 모두 작동되지 않았다는 것은 한꺼번에 잘못이 있었다는 말이 된다. 선박연료유에 문제가 있었다면 그렇게 될 수도 있을 것이다.

전원이 나간 상태에서는 원격조타가 되지 않기 때문에 현장에서 비상조타를 해야 한다. 사람이 내려가서 작동시켜야 하지만, 쉽지 않은 일이다. 그렇지만 사람을 대기시켜야 할 것이다.

비상발전과 비상조타가 비상시 작동되도록 빈틈없이 설계되고 훈련되지 않으면 큰 사고를 막을 수가 없다는 점이 달리호 사고가 우리에게 주는 시사점이다.

비상투묘와 예선사용

선박이 입·출항할 때는 위험하기 때문에 선속을 낮추어 항해하고 비상투묘를 위해서 선원들이 준비를 하고 있다. 이번 사고의 경우 달리호에서 좌측 닻을 놓았다고 하지만 소용이 없었다. 사고 당시 선속이 8노트였다고 한다. 8노트로 항해하면 선박에서 닻을 놓아도 소용이 없다. 너무 빠른 속력이기 때문이다. 최소한 4노트 정도에서만 닻이 효력이 있다. 좌측 닻만 놓았다고 한다. 좌측과 우측 양측의 닻을 놓았다면 더 효과가 있었을 것이었다. 1~2노트의 저속으로 항해하는 경우에 닻은 극적으로 선박의 움직임을 제어하는 효과가 있다.

항내의 위험한 곳을 선박이 통과할 때에는 통상 예선이 선박을 대동한다. 위험시 즉각 예선이 선박의 움직임을 변경시키는 것이다. 예선이 선박을 당기기 위해서는 줄을 서로 연결해 두어야 한다. 선박을 미는 경우에는 어느 때나 가능하다.

이번에는 이 두 가지 비상조치가 실행되지 않았다는 점에 주목해야 한다. 만약 브리지를 통과할 때 (i) 4노트의 저속으로 항해하고, (ii) 반드시 좌·우현 묘의 투하를 위해 선원들이 배치되고, (iii) 예선도 붙여야 한다는 규정을 두었고 이것이 지켜졌다면 사고는 방지되었을 것이다.

현직 도선사는, 대형화된 컨테이너 선박의 타효유지 속도는 5~6노트 정도이지만, 항해의 사정상 8노트보다 더 낮추어서 항해할 수는 없을 것이라고 말한다. 그러나 그와 같다면 비상투묘는 처음부터 작동하지 않는다. 컨테이너 선박이 8노트로 항해할 수밖에 없다면 비상투묘 혹은 이외의 방법이 강구되지 않으면 안 된다. 이번 사고에서 얻은 교훈이다. 닻은 4노트 이상이 되면 소용이 없다고 본다. 선박이 자동화되고 있지만, 아직 선교에서 선장이 직접 닻을 투묘시키는 수준까지는 이르지 않고 있다.

우리나라의 부산항, 인천항, 평택항 등에도 이를 적용하여 대책을 마련해야 할 것이다.

후진기관의 사용

통상 속도를 줄이기 위해서는 후진하는 기관을 사용해야 한다. 8노트 정도의 전진 속도에서 후진기관을 사용하면 어느 정도 효과가 있을지는 모른다. 그렇지만, 기관실에서는 8노트의 속도로 항해 중 비상시 전속 후진기관(full astern)을 사용하기 위한 준비를 하고 있다. 이번 사고의 경우 달리호의 선장과 도선사는 후진기관을 사용하지 못했다. 발전기가 고장 나서 전원이 나가면 후진기관의 사용은 불가능하다.

선원 교육

원양상선의 선원들은 STCW라는 국제조약에 따라 일정한 수준 이상의 전문성을 갖춘 사람이 항해사와 선장이 되도록 한다. 도선사도 일정한 교육과 경험이 필요한 전문직으로 충분히 교육이 된 사람들이다.

대형화, 자동화에 따른 전문성 배양과 교육

선박이 대형화 자동화되면서 선박을 조종하고 운항하는 측면에서 더 정교한 조작과 훈련이 필요하게 되었다. 이번 사고의 원인이 선박에 힘을 주는 전력의 공급이 중단된 점이다. 선원의 조작 잘못도 하나의 가능한 원인으로 꼽히고 있다. 밸브를 잘못 조작하였다는 점이다. 자동화된 선박에서 한번의 잘못은 이렇게 큰 사고를 야기한다.

학교에서 혹은 실습선에서 배운 공부는 기본적인 내용이다. 실무에서 직접 선박에 와서는 많이 달라진 환경을 숙지해야 한다. 각 선박관리회사는 기존 및 새로운 선원들에 대한 현장 숙지 교육을 철저히 시켜야 할 필요성이 크다.

자동차 운반선의 전복사고에서 발표된 NTSB의 보고서에 의하면 항해사가 선박의 프로그램에 수치를 착각하여 잘못 집어넣어서 복원성이 나빠서 전복이 되었다. 밸러스트를 아래에 넣었어야 하는데, 넣지 않았다는 것이다. 작은 실수가 큰 사고를 야기한다. 대형선과 자동화된 선박의 경우에는 선원들이 직무능력이 더 필요하다.

선원교육과 자질의 중요성

선원이 충분이 선박운항 내용을 알지 못하고, 이에 대한 교육도 없었기 때문에 사고가 발생했다면, 운송인이나 선주에게 허용된 상법상의 각종 보호제도의 혜택을 누릴 수가 없다. 선주책임제한의 이익도 누릴 수가 없고, 항해과실면책, 포장당 책임제한도 마찬가지이다.

법적 측면

달리호 사고는 경제적으로도 우리나라 선주들에게 영향을 미칠 가능성이 크다. 교량복구비, 공동해손 분담비 등 선주가 책임을 져야 하는 손해배상액수가 있다. 이것이 약 4조원으로 너무 큰 것으로 알려져 있다.

손해와 책임주체

본 달리호 사고에서 발생 손해는 아래와 같이 4가지 정도로 구분된다.

(i) 운송인이 화주에게 부담하는 손해액이다. 운송인인 머스크가 컨테이너 화물의 화주들에게 손해를 배상해야 한다. 달리호는 공동운항 중인 MSC가 운송인인 화물도 실려 있었다. 그래서 MSC도 운송인으로서 책임을 질 수 있다.

(ii) 다리의 아래에 좌초된 선박을 인양하는 일에 예선이 필요하다. 작업비용이 추가된다. 이는 공동해손을 선포하여 선주가 화주들에게 일정하게 받아낼 수 있다.

(iii) 교량복구비가 있다. 달리호가 충돌한 것이므로 달리호의 운항자가 손해배상책임을 부담해야 한다. 운송인과 운항자는 다른 개념이다. 선박의 운항은 선원을 통해서 이루어지므로 사고당시의 선원을 누가 채용하고 교육시키고 임금을 주었는지, 그 사람이 선원의 사용자로서 책임을 부담하게 된다. 본 사고의 경우 달리호의 선주 혹은 선박관리인이다. 머스크는 달리호를 정기용선한 자로서 선원과 무관하다. 새롭게 교량을 건설하는 데에 들어가는 비용을 지급해야 한다. 운항자인 선주가 부담하는 대표적인 손해이다.

(iv) 항구가 폐쇄되어 입는 항만당국 및 주민들의 피해가 있다. 항만당국은 기존 선박이 입항하지 못해서 입항료를 얻지 못한다. 주민들도 우회하는 비용의 추가 등 손해가 발생한다. 이들은 (iii)의 교량복구를 위한 손해와 달리 달리호가 직접 발생시킨 것이 아니라 간접적으로 발생한 것이 차이점이다. 다리가 무너졌기 때문에 발생한 2차적 피해이다. 그 성질에 따라서 손해배상여부가 달라진다.

(i)을 제외하고는 모두 운항자인 선주가 부담할 손해이다. (ii)의 경우 공동해손을 선포하여 선주가 화주들과 정기용선자에게 분담을 청구할 수 있지만, 먼저 선주가 지급해야 할 부분이다.

선주의 손해배상책임과 보험

운항자인 선주는 교량복구비, 공동해손, 항만폐쇄로 인한 비용을 부담해야 한다. 언론보도에 의하면 4조원을 넘는 손해가 있다고 한다.

달리호는 선수부분에 다리의 상판이 떨어졌다. 선체 앞부분을 수리해야 한다. 선체가 좌초된 것으로 알려졌다. 선박자체의 수리비는 선주가 가입한 선박보험에서 처리된다. 선주는 이런 경우를 대비해서 선박보험에 가입한다. 고의에 가까운 보험자 자신의 의도적인 사고가 아니라면 보험금을 받을 수 있다. 문제가 없다.

선주가 부담하는 손해배상책임에서 발생하는 손해는 책임보험의 영역이다. 책임보험자는 P&I클럽이다. 선주들은 자신들이 부담하는 손해를 담보받기 위하여 선주상호책임보험이라는 제도를 만들었다. 선주가 곧 보험자이고 피보험자가 된다. 상호보험이다. 보험료에 상응하는 call은 사전에 확정적으로 정해지는 것이 아니라 회계연도 개시 때에 부과되는 보험료 이외에 정산한 다음에 추가로 납부되기도 한다. 추가보험료라고 한다.

영국의 브리타니아가 해당 클럽이다. 선박보험과 마찬가지로 보험자가 면책되는 사항은 아닌 것으로 판단된다.

세계적으로 이러한 선주상호보험조합은 풀을 형성하고 서로 상부상조하는 영업방식을 취하고 있다. 1천만 달러까지는 자신의 보험자가 처리한다. 1억 달러까지는 국제 P&I클럽의 12개 회원사들이 공동으로 처리한다. 31억 달러인 약 4조원까지는 P&I가 가입한 재보험자가 처리해준다. 이를 넘어서는 손해가 확정되면 풀을 형성하고 있는 국제 선주상호보험조합 클럽의 12개 다른 회원사들이 갹출하여 보상하게 된다. 갹출된 금액은 모두 조합원들에게 분배되어 거두어들인다. 우리나라 선주들도 대부분 국제 P&I 클럽에 가입되어 있다. 워낙 사고가 크기 때문에 전혀 사고와 무관한 우리나라 선주들도 달리호의 배상을 위해서 보험료를 납부해야 할 형편이 된 것이다.

선주의 책임제한가능성

따라서 달리호의 선주가 약 4조원에 달하는 책임을 제한할 수 있을까 하는 것이 전세계적인 관심사가 되었다. 영국, 일본, 중국, 싱가포르, 우리나라 등은 1976년 선주책임제한조약(LLMC)을 채택하거나 국내법화한 국가이다. 1957년 조약에서는 선주가 책임제한이 쉽게 깨어졌다. 대신 책임제한액수는 아주 작은 금액이었다. 제도에 안정성을 가져다주기 위해서 100% 책임제한이 가능하고 책임제한액수는 대폭 인상하는 타협이 이루어졌다. 이것이 지금까지도 LLMC의 근간이 되고 있다. 사고 선박의 톤수에 따라 책임제한액이 정해진다. 대체로 100억원 내외이다.

반면, 미국은 독자적인 입장으로 LLMC체제와는 다른 길을 가고 있다는 점이다. 첫째 선가주의를 택하고 있다. 사고 후에 가해선박이 침몰되었다면 가치가 제로이다. 멀쩡하다면 그 가치는 선가이므로 1,000억원 정도 될 것이다. 또 하나의 특징은 책임제한이 허용되는 경우가 절반 정도라고 한다. 선주가 책임제한을 신청해도 잘 깨어진다는 것이다. 그 요건은 사고원인에 대해 사전에 알았거나 알 수 있었다면 책임제한을 인정해주지 않는다는 것이다. 사고 이전에 동일한 사고가 있었거나 유사한 사고가 있었다면, 선주는 사고의 재발 가능성을 알았다는 것이 되어 책임제한이 되지 않는다. 사고 전에 있었던 비정상적인 점은 즉각 고쳐야 하므로 이를 게을리한 선주에게는 책임제한을 인정해 주지 않겠다는 취지이다. 본 사고이전에 유사한 정전사고가 있었다는 보도가 있으므로 책임제한 배제사유를 예의주시하고 있다.

이전에 발생한 사고를 알고서도 그 다음에 사고를 일으킬 가능성이나 고의를 그대로 두는 것은 있을 수 없는 일이다. 그럼에도 그냥 사고를 알고서도 사고가 일어나지 않을 것으로 생각하고 가만히 있는 것이 대부분의 사고원인이다. 이것은 LLMC하의 배제사유가 아니다. 반면, 위는 미국법하의 사고발생의 위험을 안 것이 된다. 그러므로 1976년 LLMC의 책임제한 배제사유는 더 엄격한 것이다. 그렇기 때문에 미국법하에서는 50%정도가 책임제한이 배제되고 LLMC하에서는 배제되는 사안은 없게 된다.

미국의 CARR v. PMS Fishing 사건(1999년 제1순회항소법원)에서 선주는 구매한 선박이 안전하다고 보았다. 그리고 문제가 발생시 검사를 하고 적절한 전문가를 불러서 상의를 하고 수리를 했다. 이 선박이 후에 안전의 문제로 사고를 야기하자, 선주는 책임제한을 신청했다. 법원은 선주는 선박이 문제가 없다고 믿었고 따라서 사고원인에 대한 인식(privity)이 없었다고 보아 책임제한을 인정했다. 한편, Kroemer v. Guglielmo(1990년 제2순회항소법원)에서는 요트를 운전한 아들이 불감항으로 사고를 야기했다는 점이 인정되었다. 피고인 아버지 요트 소유자는 책임제한을 주장했다. 아버지는 아들이 우수하다고 믿었는지 입증하지 못했다. 따라서 법원은 불감항으로 인한 사고에 대한 인식이 있다고 보아 책임제한을 인정하지 않았다.

영국의 해상보험에서 기간보험인 경우 피보험자가 불감항 사실을 알았다면(privity) 보험자는 면책된다. 영국의 스타 시(Star Sea)사고(영국귀족원 2001.1.18.)에서 이전 화재사고에서 선장이 CO_2 소화기의 사용법을 몰라서 화재를 진압하지 못하고 선박이 전소되었다. 동일한 사고가 다시 발생했음에도 선장이 대응방법을 몰랐기에 이것이 사고의 원인이 되었다. 피보험자가 불감항을 알았다는 것이 되려면 (i) 불감항을 야기하게 되는 사실에 대한 의심, (ii) 그러한 사실이 존재한다면 선박을 불감항으로 만들 것이라는 현실적인 의심, (iii) 확인하지 않으려는 의식적 결정이 필요하다고 보았다. 1심에서는 불감항 사실도 존재하고 선주는 보고도 모른 체하는 정도의 인식이 있었다고 보았지만, 2심과 대법원은 선장이 경력 12년의 우수한 자로 선주는 불감항을 의심하지 않았으므로, 중대한 과실일지라도 피보험자가 보고도 못본 체하는 정도의 인식은 없었다고 보았다.

LLMC하에서는 사고발생의 가능성을 50%인식하고 무모하게 가만히 있었을 경우에만 배제사유가 된다. 우리나라에서 포장당책임제한에서 LLMC하의 책임제한과 동일한 문구의 책임제한배제사유가 깨어진 것이 있다. 갑판하에 실어야 할 화물을 갑판상에 싣고 겨울에 대만해협을 지나다가 사고가 발생한 것이다. 법원은 무모한 행위가 있었다고 했다. 그러나 학설은 이를 부정한다. 선박소유자책임제한이 깨어진 것은 전세계적으로 예가 없다.

고려할 사항

사고의 원인

사고의 원인은 기기상의 결함, 선원의 오작동에 의한 것일 수 있다. 기관의 설계상의 잘못일 수도 있고 선박이 인도된 지 오래되었으므로 그간의 수리정비의 잘못일 수도 있을 것이다. 모두가 조금씩 기여하여 사고를 일으켰다고 보면 공동불법행위가 된다.

선박운항 관련

위험지역을 지날 때에는 선박은 모든 준비를 해야 한다. 비상투묘, 비상조타, 예선준비 등 모든 것이 갖추어져서 비상시 대비를 해야 한다. 이번 사고는 이런 조치들이 미흡했다고 본다. 1%의 과실이 있어도 공동불법행위가 되어 선주는 책임을 부담하게 된다. 철저한 대비가 필요하다. 법제도에 따라서는 1%의 과실이라도 공동으로 손해를 배상해야 할 때가 있음을 이해해야 한다.

미국 책임제한제도

미국이 가진 선주책임제한제도는 1851년에 만들어진 것이다. LLMC제도와 비교하여 가장 큰 차이점은 불안정하다는 점이다. 그 결과를 예측하기 어렵다. 상인들의 영리행위는 예측이 가능해야 더 활발하게 일어난다. LLMC도 1957년 조약까지는 선주의 고의 혹은 과실에 의하여도 선주책임제한을 할 수가 없었다. 선주들은 자신의 책임의 한도가 얼마인지 몰라서 불안했다. 1976년 조약을 만들 때 국제사회는 예측가능성을 높이기 위해 큰 결단을 내렸다. 선주들에게 책임제한은 거의 모든 경우에 인정해주지만 책임제한액수는 대폭 상승시킨 것이다. 이 제도는 그대로 두고 책임제한액수만 증액하는 조약 의정서가 만들어져 시행되고 있다. 현재까지 책임제한이 깨트려진 사례는 세계적으로 보고되지 않는다. 그래서 선주들은 자신의 책임은 책임제한액수임을 알게 되고, 이 액수만큼만 책임보험에 가입하면 되는 것이다. 1957년 조약에 비하여 훨씬 영업하기가 쉬워졌다.

이에 반해 미국은 독자적인 입장을 취한다. 책임제한이 깨어지기 때문에 선주는 얼마만큼의 보험을 사야 하는지 알기 어렵다. 미국은 하루속히 LLMC체제를 수용해서 책임제한제도를 전세계가 일관되게 적용해야 한다. 이렇게 함으로써 선주의 해운산업을 예측가능하게 해야 한다.

우리나라 책임제한제도의 경우

우리나라의 경우 책임제한이 개시되면 책임제한의 액수와 배제사유는 기국법에 의한다. 편의치적이 세계선단의 70%가까이 되기 때문에 모든 국가의 책임제한제도를 알기 어렵다. 법정지법인 우리나라의 법을 적용하는 것이 좋다는 의견이 있다. 그러나 예측가능성의 측면에서는 우리나라에서 선주는 일관된 책임제한액을 가지므로 선주를 보호하는 것이 된다. 우리나라는 책임제한액수가 가장 낮은 수준에 있다. 1996년 의정서를 채택하여 이를 인상해야 한다.

제 9 장

AI를 활용할 시 선박운항자의 손해배상책임*

들어가면서

최근 AI가 워낙 직장의 업무와 실생활에 파고 들어와서 더 이상 AI 등 4차 산업혁명의 이기를 모르면 업무를 행할 수 없을 정도가 되었다. 2페이지에 달하는 해상법 주간 브리핑을 영문으로 번역하려면 2시간이 걸리는데, 챗GPT를 활용하였더니 15초 만에 번역이 나왔다. 이를 체크했더니 한두 곳만 손을 보면 완성본이 되었다. 번역자의 2시간을 벌어주는 기능을 했다. 만약, 경쟁을 한다고 보면 챗GPT를 사용할 줄 아는 사람과 그렇지 않은 사람은 2시간을 벌기도 하고 2시간이 더 추가되기도 한다. 이렇게 AI는 우리의 삶에 큰 변화를 가져온다. AI가 장착된 도구를 사용할 수 있는 사람과 아닌 사람은 능력에서 큰 차이가 나게 된다.

* 김인현 칼럼(105): 한국해운신문, 2024.6.28.

북태평양을 지나면서 대권(great circle) 항로로 갈 것인지 항정선(rhumb line) 항법으로 갈 것인지 선장은 항상 조바심이 난다. 대권항로를 이용하면 거리가 짧다. 그러나 저기압을 앞에서 만나게 되면 2~3일이 더 걸리면서 오히려 항정선 항법을 이용하는 것이 더 나았다는 결과가 된다. 정기용선자가 항정선 항법으로 항해하라는 지시를 했을 때 선장이 챗GPT를 활용하기로 작정했다. 그가 권고한 대권항로를 이용했다고 하자. 오히려 저기압을 만나서 항해시간이 더 걸렸다. 정기용선자는 손해배상청구를 선박소유자에게 제기했다고 하자. 선장은 AI가 장착된 챗GPT를 사용하였다고 해서 면책이 될 것인지? 문제가 된다.

이렇듯 이제 AI는 선박운항에 개입되어 있다. AI 등 4차 산업혁명의 이기를 사용하면 우리가 가지고 있는 법제도가 변경이 많이 되는지? 고려대 해상법연구센터에서는 바다최고위 학생과 바다 공부모임 회원들을 위해서 법학전문대학원, 기술경영전문대학원, 정보보호대학원의 저명 교수들을 모시고 6.8. AI에 대한 기초지식을 공부하도록 했다. 그 일환으로 필자도 선박운항과 관련된 손해배상책임이라는 주제로 발표를 한 바가 있다. 이를 해운신문 독자들을 위해서 간략히 정리한다.

AI를 이용한 계약의 체결

AI의 계약상 지위는 무엇일까? 계약을 체결하는 것은 사람이다. 계약의 주체들이 AI를 활용하여 계약을 체결하게 된다. 계약을 체결함에 도와주는 도구인 경우도 있다. 계약 체결의 실행을 AI가 한 경우를 보자. 프로그램에 의하여 AI가 주문을 하는 경우이다.

AI가 아직 낮은 단계의 자율성을 가진다면 그는 단지 계약주체인 우리를 도와주는 지위에 지나지 않는다. AI는 사자(使者)에 지나지 않는다고 본다. 그는 우리가 정한 것을 프로그램에 따라 그냥 대신해주는 지위에 지나지 않는다. 계약의 주체는 우리이지 AI가 아니다.

AI가 고도화 된 경우이다. 대리인으로 보는 경우이다. AI가 스스로의 판단에 따라 계약을 체결하여 법률효과는 본인인 우리에게 돌아오는 것으로 해석한다.

사자인 경우에는 본인과 사자는 일체가 되므로 법률관계가 간단하다. 대리의 법리가 적용되면, 대리권의 범위가 아님에도 AI가 계약을 체결했다면 무권대리가 되어 본인이 책임을 지지 않게 된다. 운송계약을 체결하라고 했는데 매매계약을 체결한 경우와 같다.

선박운항과 관련한 현재의 법제도

운송계약상 채무불이행책임

민사의 경우 민법 제390조에 의하면 채무자는 채무를 제대로 이행하지 못했다면 손해배상책임을 부담한다. 그가 과실이 없음을 스스로 입증해야 한다. 입증하지 못하면 패소한다. 채무자는 스스로 모든 채무를 이행할 수 없다. 이행보조자를 활용한다. 이행보조자가 잘못한 것도 채무자가 잘못한 것이 되어 채무자는 책임을 부담한다(민법 제391조).

운송인과 화주 사이에 운송계약이 체결된다. 상법 제795조는 운송인과 선박사용인이 주의를 게을리해서 손해가 야기되면 손해배상책임을 부담한다고 정하고 있다. 과실에 대한 입증책임은 채무자인 운송인이 부담한다. 이런 상법의 내용은 운송계약에 반복되어 기술되어 있는 것이 보통이다. 운송물에 손해가 발생하면 이런 상법의 규정 혹은 계약의 내용이 근거가 되어 운송인에게 손해배상책임이 인정된다.

불법행위

민사의 경우 민법 제750조의 불법행위자의 책임이 있다. 가해자가 피해자에게 고의 혹은 과실로 위법하게 손해를 야기하면 손해배상책임을 부담한다. 피해자에게 가해자에 대한 손해배상청구권이라는 권리가 주어지는 것이다.

한편, 사용자가 피용자를 통해서 사업을 영위해 수익을 얻는 것이 대부분이다. 피용자가 불법행위를 저지른 경우에 사용자는 그를 대신하여 피해자에게 손해를 배상하게 되는데 이를 사용자책임이라고 한다. 선임과 관리에 과실이 없다면 책임을 지지 않지만 우리 법원은 무과실책임처럼 운영하고 있다. 사용자에게 피용자에 대한 그런 과실유무와 무관하게 책임을 부과한다는 의미이다(민법 제756조).

상법 해상편에는 특별한 규정이 없어서 민법의 불법행위와 사용자책임 규정이 그대로 해상사건에도 적용된다. 다만, 선박충돌에 특별규정이 있다.

AI 등 4차 산업혁명의 이기 사용

운송계약상 채무불이행책임

AI와 자동프로그램, 로봇이 채무자의 이행보조자에 해당하는가의 문제가 있다. 이행보조자는 사람을 말한다. 이들은 사람이 아니고 법인격도 아직 없다. 그러나 이들이 채무자의 의무의 일부를 이행해 주는 점에서 사람이 이행하는 경우와 동일하다. 이들은 민법 제391조의 이행보조자 책임제도, 혹은 상법 제795조 제도에 포섭이 될 수 있을 것이다.

이들이 채무자 자신의 판단에 도움을 주는 보조적 도구에 불과한 경우, 이를 참고삼아 채무자 자신이 판단한 것이다. 채무자 자신의 과실로 인정될 것이다. 그래서 민법 제390조 혹은 상법 제795조의 손해배상책임을 채무자인 운송인이 직접 부담하게 된다.

불법행위책임의 기초

AI와 자동프로그램, 로봇이 민법 제750조의 불법행위자에 해당되는가? 사람이 아니므로 제750조의 불법행위자에 해당하지 않는다. 따라서 로봇의 잘못으로 바로 사용자책임이 인정되는 것은 아니다.

사람이 도구로서 이를 활용하므로, 로봇의 잘못으로 인한 것은 행위자 자신의 불법행위자로 볼 수 있게 된다. 로봇을 활용하는 자인 행위자가 활용하는 도구의 과실로 인하여 행위자가 불법행위자가 된다. 이 경우 로봇을 사용하는 자는 누군가의 피용자이다. 피용자의 과실로 인한 손해이므로 그의 사용자는 민법 제756조의 사용자책임을 부담하게 된다.

항해사가 해야 할 일을 대신하는 자동프로그램이 오류가 나서 충돌사고가 발생한 경우를 보자. 선박자체에 부착된 것에서 발생한 것이기 때문에 당직 항해사 혹은 선장의 대신으로 인정해서 그들의 사용자인 선박의 운항자(소유자등)에게 사용자책임을 부과할 수 있다.

자동프로그램의 오류로 냉동화물이 녹아버린 경우 운송인이 지배하는 도구의 하자로 인한 것이기 때문에 운송인은 손해배상책임을 부담하게 된다. 이행보조자는 그 프로그램에 의존하여 작동을 잘못한 것으로 보아 채무자인 운송인이 책임을 부담하게 된다.

원격조종의 경우

자율운항선박 3단계에서 육상의 관제센터에서 선박을 원격조종한다. 컨테이너 터미널에서 갠트리 크레인의 경우, 관제탑에서 사람이 조종하는 것에 초점을 맞추어서 본다. 원격조종자는 채무불이행

책임에서 이행보조자에 해당하고, 불법행위 책임에서 피용자에 해당하게 된다.

AI가 선장의 지위를 대신하는가?

선장의 법적 지위는 (i) 선박소유자의 대리인의 지위, (ii) 이행보조자의 지위, (iii) 피용자의 지위로 나누어 볼 수 있다.

AI를 활용하는 경우를 보자. 인공지능을 활용하여 자신의 의사결정에 참고하는 경우가 있다. 이 경우 의사결정권자는 여전히 선장이다. 인공지능이 더 발전하여 직접 의사결정을 내리고 행동하는 경우라면 의사결정권자는 인공지능이 된다. 아직까지 보조하는 경우라면 여전히 현재의 선장이 위 3가지 지위를 갖는다. 선장이 여전히 선박소유자의 대리인이지 AI가 대리인이 되는 것은 아니다. AI가 더 발전하여 높은 자율성을 가지는 경우라면 또 다른 법리가 적용되게 될 것이다.

AI와 제조물책임

제조물책임은 불법행위 책임을 제조업자 등에게 부과하는 것이다. AI는 제조물인가가 먼저 문제된다. 제조물은 제조되거나 가공된 동산을 의미한다. 제조물의 결함은 제조상의 결함, 설계상의 결함, 표시상의 결함이 있다. AI가 탑재된 제품은 제조물에 해당한다. 그래서 결함이 있거나 안전성이 결여되면 손해배상책임을 부담해야 한다.

입법제안

AI를 도구로서 우리가 활용하는 경우와 AI가 자체로 판단하고 행동하는 경우를 구별해야 한다. 도구로서 사용하는 전자의 경우는 현재의 법리와 법제도의 적용에 변화가 없다. 자율운항 제3단계에서는 원격조종자를 선장으로 보면 된다.

AI가 고도의 판단능력과 행동력을 가지는 경우 계약상의 채무자 혹은 불법행위자와 AI는 분리될 수 있다. 채무자의 채무불이행책임 혹은 불법행위상의 사용자책임을 야기하는 이행보조자나 불법행위자로 보기가 어려워진다. 그럼에도 불구하고 높은 자율성을 가진 AI도 채무자와 불법행위자가 지정하고 관리한 자이므로 이들의 과실에 대하여 채무자와 사용자가 손해배상책임을 부담할 필요가 있다. 계약책임에서 그를 이행보조자로 간주하고, 불법행위자를 피용자로 보는 법규정의 도입이 필요하다고 본다. AI의 제조자 혹은 AI를 독립적으로 관리하는 자에게 부가된 책임을 물을 수 있도록 할 수 있다. AI가 법인격은 없기 때문에 보험을 가입하게 하여 보험자가 대신하여 책임을 부담하는 형태의 논의도 전개되고 있다.

제 10 장

물류대란 원인, 외국 선사의존도*

2022년 세계를 강타한 혹독한 물류대란이 지난해는 잠잠한 편이었다. 금리 인상으로 미국에서의 상품 수요가 잦아들자 지난해에는 컨테이너 선박에 대한 수요와 공급이 균형을 이뤘기 때문이다.

그러나 지난 3월부터 물류대란은 다시 시작됐다. 미주와 유럽 항로의 경우 수출품을 싣는 박스가 없어 화물을 실어 나를 수가 없고, 부산항을 경유하는 선박 수가 줄어서 배를 구할 수가 없다고 한다.

왜 이런 현상이 일어나고 있을까? 홍해 사태로 수에즈 운하를 사용하지 못하는 선박이 희망봉을 돌다 보니 항해 일수가 길어졌다. 항해가 길어지자 싱가포르에 먼저 들러 연료를 공급받는 선박이 늘어나면서 싱가포르에서 대기하는 선박이 많아졌다. 미국에서 중국산 상품에 관세를 8월부터 부과한다고 하자 미리 수출품을 밀어내는 현상도 시작됐다. 이 모든 상황이 컨테이너 선박과 박스에 대한

* 조선일보, 2024.7.9.

수요를 늘어나게 했다.

중국발 화물은 동서 항로의 물량 50%를 차지할 정도로 비중이 크다. 중국에서 출발해 미국으로 가는 경우 마지막 항구가 부산항이다. 중국 상하이에서 출발하는 화물선은 대개 부산을 거쳐 미국을 향하지만, 요즘은 중국에서 높은 운임을 받을 경우 중국에서 화물을 모두 싣고 부산항은 그냥 건너뛰는 일이 벌어지고 있다.

현재의 공급망 단절은 3년 전 코로나19 사태 때 지적된 원인이 반복된 결과라는 점에서 안타깝다. 우리나라는 장기 운송계약 비중이 작고 현장(스폿) 계약이 많다. 장기 운송계약은 1년 단위로 화주와 운송인이 운송량과 가격에 대해 미리 합의한다. 그래서 운임이 오르더라도 미리 계약된 운임으로 선박과 박스가 화주에게 공급된다. 이와 달리 현장 계약은 후순위이기 때문에 화주는 선박을 구하기도 어렵고 더 높은 운임을 지급해야 한다.

보다 근본적인 원인은 우리나라가 운송주권을 제대로 확보하지 못하고 있기 때문이다. 우리나라 미주 수출품의 20%만 우리나라 정기 선사(船社)들이 실어 나른다. 선복(화물적재공간)으로 보면 우리 정기 선사들의 비율은 전체 미주 선복의 6%에 지나지 않는다. 게다가 컨테이너 박스는 95%를 중국이 제작한다.

반복되는 물류대란을 해결할 방안은 몇 가지가 있다. 먼저 국내 선사를 더 많이 이용해야 한다. 현재 국내 화주들의 외국선사 의존도는 80%에 달한다. 만약 우리 정기선사 비율이 50%까지 오른다면 어려움이 덜할 것이다.

또한 장기 운송계약을 더 많이 체결해 50% 수준까지 올리게 하고, 그 내용을 운송인과 화주가 잘 지키게 해야 한다. 우리 화주가 장기 물량을 많이 가질수록 정기 선사들이 결항하지 못하고 약속대로 부산항에 기항하게 된다.

운송 용량을 키우는 것도 중요하다. 현재 우리나라 정기 원양선사는 한 번에 90만TEU(1TEU는 20피트 컨테이너 1개)를 운송할 능력을 갖추고 있다. 하지만 대만과 같이 200만TEU가 되도록 늘려야 한다. 가용 가능한 선복이 많을수록 그만큼 우리 화물을 더 많이 실어 나를 수 있다. 외국선사들이 갑자기 부산항을 결항하는 행위를 줄이도록 행정력을 발휘할 필요도 있다. 정기선은 운송을 거부할 수 없는 것이 원칙이다.

마지막으로 컨테이너 박스 회전율을 높여야 한다. 컨테이너를 상법상 물적 설비로 등록하게 해서 항상 그 위치를 파악하고 우리 정기 선사끼리 효율적으로 공유하게 해야 한다. A선사가 자신의 박스를 한국으로 들여올 때 B선사의 컨테이너 선박에 실어오는 것이 좋은 예다. 공적 기관은 여유분 컨테이너를 보유하다가 병목 현상이 일어나면 제공하는 기능을 해야 한다. 코로나19 시절 모두 경험했던 문제점들이다. 대책이 제시되었지만 개선되지 않고 반복되고 있다. 이번에는 해결되길 기도한다.

제 11 장

정통 크루즈 산업을 육성하자*

크루즈 산업 육성은 우리 해운산업의 마지막 숙원사업이다. 이렇게 말하면 의아해할 분들이 많다. 여기서 말하는 크루즈는 한중, 한일 간 카페리를 이용한 여객 운송이 아니라 2,000여 명의 여객에 1,000명 정도의 승무원을 싣고 해외 각지를 순항하는 정통 크루즈를 말한다. 부산항과 제주항에는 거의 매일 정통 크루즈선이 입항하지만, 이것만으로는 크루즈 산업의 육성이 충분하지 않다.

크루즈 산업은 크루즈 관광, 크루즈 해운항만, 크루즈 건조로 나누어 볼 수 있다. 한국해양수산개발원(KMI) 연구 결과에 의하면 크루즈 관광객 24명이 정규직 1명의 일자리를 창출한다. 10만명의 관광객이 방문하면 대략 4,160개의 일자리가 창출된다. 크루즈 관광객 1명이 방문 도시의 1기항지에 약 20만원을 지출한다. 부산항에 여객 2,000명의 크루즈선 한 척이 입항하면 4억원의 매출이 일어난다는 뜻이다.

---

* 부산일보 [오션 뷰], 2024.8.4.

해운항만 분야는 크루즈 산업의 핵심이다. 크루즈 선박을 소유하는 선주사, 크루즈를 이용해 여객을 운송하는 여객 운송인, 크루즈 선박에 선용품을 제공하는 업체, 크루즈선이 입항해 부두를 사용할 때 수입을 얻는 국제여객터미널을 운영하는 항만공사 등은 모두 크루즈와 관련된 해운항만 사업자들이다. 전세계에는 446척의 크루즈선이 있으며, 이들은 연간 약 70조원의 매출을 기록한다. 한 척당 연간 약 1,560억원의 수입을 올리는 셈이다. 열 척을 운항하면 1조 6,000억원 상당의 매출이 발생하게 된다. 크루즈선 건조도 중요한 산업이다.

통계에 따르면, 8,000억원 규모의 크루즈선 다섯 척을 건조하면 약 4조원의 매출이 발생하고, 2만 5,000개의 일자리가 창출된다. 현재 한국 조선소는 크루즈 선박 건조 경험이 없지만, 정통 크루즈와 카페리의 중간 단계인 크루즈 페리를 한국 조선소에서 건조 중인 것은 긍정적이다.

우리 정부의 크루즈 정책은 주로 해외 크루즈선 관광객 유치에 집중돼 있었다. 부산항과 인천항에 크루즈선이 입항할 수 있는 시설을 만든 것이 좋은 예다. 그러나 크루즈 선주사와 운송인 육성, 연안 크루즈 여건 조성, 크루즈 조선 및 기자재 산업에 대한 관심과 지원은 부족했다. 만약 부산과 경남에 있는 조선소가 열 척의 크루즈선을 건조하고 이를 운송인으로 영업한다면, 선박 건조에서 4조원, 운항 수입에서 1조 6,000억원 등 모두 5조 6,000억원의 매출을 올릴 수 있다.

선박은 다양한 방식으로 활용돼 수익을 창출할 수 있다. 선박 소유자는 선박을 임대해 용선료를 벌고, 화주와 운송계약을 체결한 운송인은 운임 수입을 얻는다. 이 두 가지가 해운업의 핵심 축을 이루지만, 국내 크루즈 산업에서는 이러한 영업이 이루어지지 않고 있다. 현재 우리나라에는 정통 크루즈선을 소유한 회사도, 크루즈를 통한 여객 운송업체도 없다.

우리나라에서 정통 크루즈 산업이 활성화되려면 무엇보다 크루즈에 대한 수요가 증가해야 한다. 수요가 적다는 것은 영업 적자가 발생할 가능성이 높아진다는 의미이므로 해운기업들이 크루즈 영업에 나서지 않게 된다. 따라서 정부와 해운업계는 크루즈 산업을 육성하기 위해 크루즈의 장점을 부각하고 크루즈 관광의 매력을 높이기 위한 다양한 상품과 프로그램을 개발해야 한다. 최근 팬스타와 같은 카페리 여객선사, 롯데관광과 같은 여행사들이 정통 크루즈를 1주일 정도 임대해 운송인 역할을 하는 차터 크루즈를 확대하고 있다. 2024년에는 14회의 국내 크루즈 출항이 예정되어 있는데, 이는 정통 크루즈 운송인이 되기 위한 전 단계의 경험이 카페리 여객선사에 쌓이고 있다는 것을 의미한다.

우리나라 정통 크루즈 선주업과 여객운송업은 성장 잠재력은 크지만 경쟁력은 낮은 유치산업에 해당한다. 그만큼 우리나라가 출발이 늦었기 때문이다. 이에 대한 특별한 지원도 필요하다. 크루즈선은 한 척당 건조가가 5,000억원 정도다. 한데 우리나라는 아직 크루즈선에 대해 선박금융이 일어난 적이 없다. 통상 2,000억원 정도의 자기자본이 있어야 한다. 한 회사만으로는 선박을 건조하고 소유하기 어려워 조선소, 항만공사, 해운회사 등이 지분을 나눠 가지는 방식으로 참여한다. 콘도처럼 여객실 하나하나를 구분해 소유권을 가지거나 사용권을 가지도록 해 펀딩하는 방안도 논의될 수 있다. '크루즈산업의 육성 및 지원에 관한 법률'을 강화해 외국의 선진 업자들과 경쟁할 수 있도록 우리 크루즈 사업 진입자들을 보호해야 한다. 이를테면 제한이 없는 외국 크루즈선과의 경쟁을 위해 국적 크루즈선에도 내국인이 공해에서 카지노를 이용할 수 있도록 하는 것이 좋은 예이다.

한중, 한일 카페리 여객운송을 중간 단계로 잘 활용할 필요도 있다. 이들 카페리를 이용하는 여객들은 정통 크루즈를 이용할 잠재 고객이기 때문이다.

제 12 장

선박등록제도, 변화가 필요하다*

해양수도 부산에서는 선박 관련 세미나가 많이 개최돼 부산은 물론이고 서울에서도 많은 사람을 불러 모은다. 이 세미나들은 선박금융, 조선, 선박 안전, 김 수출 등 다양한 주제를 다루는데, 그 중에서 일반인이 이해하기 조금 어려운 분야가 바로 선박등록 비즈니스이다.

언론에 따르면 라이베리아기국(LISCR)은 지난 10월 22일 부산에서 국내 해운사와 선주사, 선박관리업체, 선급협회 등 관계자들이 참석한 가운데 2024년 정례 세미나를 개최하고 고객과 소통하는 시간을 가졌다. 라이베리아기국은 2022년부터 해마다 해사 분야의 거점인 부산에서 정례 세미나를 개최하고 있다. 여기서 이해가 되지 않는 것은 아프리카의 작은 나라인 라이베리아가 세계 최대 선박등록국이라는 점이다. 일반적으로 사람은 태어난 곳이나 부모의 혈통에 따라 국적을 취득하게 되는데, 이를 선박에 비유하자면 배가 건

* 부산일보, 2024.11.3.

조된 곳은 출생지에 해당하고, 배의 소유자는 부모에 해당한다. 그러나 선박등록 비즈니스에서는 이러한 출생지나 소유자의 국적이 선박등록국과 직접적인 관련이 없는 것으로 보인다.

국가마다 선박의 국적을 부여하는 기준이 다르다. 우리나라는 선박법 제2조에 따라 한국인이나 한국에 등록된 회사가 소유한 선박에 한해 국적을 부여한다. 미국은 자국에서 건조된 선박에도 국적을 부여하는 등 보다 유연한 기준을 적용한다.

선박은 위험한 바다를 항해해야 해 안전에 대한 규제가 필요하다. 안전한 선박임이 항상 보장되어야 한다. 그러나 선박과 전혀 무관한 국가에서 선적을 받게 되면 관리가 되지 않을 가능성이 있다. 이에 1982년 유엔해양법은 선적을 부여하는 국가와 선박 간에는 일정한 연계가 있어야 한다고 규정하고 있다. 그 연계로는 소유, 건조지, 선원의 국적 등이 인정된다.

라이베리아, 파나마, 마셜제도는 편의치적선을 허용하는 대표적인 국가들이다. 많은 선박들이 이들 국가의 주소지에 서류상으로만 회사를 설립해 이를 근거로 선적을 얻곤 한다. 그러나 이러한 방식이 소유에 해당하는지에 대해서는 논란이 있어왔다. 그럼에도 불구하고 현실적으로 전세계 상선대의 60% 이상이 편의치적국에 등록돼 있다. 국제사회는 유엔해양법에 어긋나는지에 대한 논란을 뒤로 하고, 안전 문제는 항만국 통제와 ISM코드(국제안전관리규약) 등을 통해 해결해 왔다. 편의치적선은 타국의 선원 승선으로 인한 인건비 절약, 면세 혜택, 금융 제공자 보호, 등록·등기·선급 업무의 창구 단일화 서비스 제공 등의 장점이 있다.

실제 선주가 있는 국가에서는 선박이 편의치적되어 해외로 빠져나가는 문제를 해결하기 위해, 편의치적이 주는 혜택을 가지는 특별한 등록제도를 도입하게 되었다. 이를테면 영국의 맨섬 등록제도가 대표적이다. 이는 영국의 영토 안에서 특별한 법적 효과가 있는 등록제도다.

우리나라의 경우 원등록은 그대로 두고 부가적으로 한국에 국제선박으로 등록하도록 하는 국제선박등록제도를 운영하고 있다. 이는 라이베리아에 등록된 선박의 소유자가 다시 대한민국의 국제선박에 등록하는 방식이다. 원래 목적은 한국 선적의 선박도 국제선박등록으로 등록하게 해 다양한 혜택을 주고 외국으로 이적하지 못하게 함에 있었다. 이 경우 원등록은 파나마에 있더라도 부가 등록은 한국의 국제선박으로 등록된다.

실제로는 자국민이 소유자이면서 등록을 외국에 하는 비정상적인 상황을 타개하고 안전에 대해 자국법을 적용하기 위해 싱가포르, 독일, 영국, 홍콩 등의 국가에서는 나용선(선체용선) 등록제도를 도입해 운영한다. 이 제도는 실제 소유자가 서류상 소유자로부터 선박을 나용선해 자신의 선박과 관련을 맺는 방식으로, 선박을 빌려온 사람들도 자국에 등록을 허용한다. 이 경우 원등록은 일시 정지되고 선박 안전과 관련해서는 나용선 등록 국가의 법이 적용되며, 소유권과 관련해서는 여전히 원 등록에 의한다.

우리나라가 등록 선박 숫자로 세계 1위가 되는 길이 있다. 첫째, 선박법을 개정해 대한민국에서 건조된 선박에 한국 깃발을 달아주는 것이다. 이는 미국이 취하고 있는 제도다. 전세계 상선대의 3분의 1은 우리나라 조선소에서 건조한 배들이다. 외국 선주들이 'K등록'을 선호할 가능성이 높다. 둘째, 편의치적국이 제공하는 편의와 버금가는 효과가 있는 특별법을 만들어 우리 선박은 물론이고 외국 선박의 한국 등록을 활성화할 수 있다. 요컨대 부산 해운대에 선박등록특구를 두고 그 법률에 따라 금융 제공자도 선박우선특권을 갖도록 하는 것이다. 셋째, 나용선 등록을 허용하는 것도 검토해 볼 수 있다. 이렇게 되면 한국에 등록된 선박은 안전과 관련해 한국 정부의 검사를 받게 되며, 이를 대행하는 한국선급에 가입하는 선박의 숫자가 대폭 늘어날 수 있다. 이거야말로 우리나라가 신해양 강국으로 가는 길이 될 것이다.

제 13 장

지정학적 · 법적 관점에서의 북극항로 현황과 미래전망*

이 칼럼은 김인현 교수가 지난 11월 11일 한국해양수산개발원이 개최한 "2024 북극항로 세미나"에서 기조강연한 내용을 독자들을 위해 축약한 것임을 알려드립니다.

들어가기

개인이든 조직이든 예측가능성의 확보를 지향하면서 살아간다. 예측이 어느 정도 가능하기에 우리는 내일을 설계할 수 있다. 예측이 가능한 삶은 안정적이다. 예측불가한 경우는 여유를 더 두어야 하기 때문에 비용이 더 많이 발생한다.

현재 우리는 정기선해운과 물류산업에서 인류가 달성해 왔던 예측가능성이 오히려 퇴보하는 측면이 있다. 2015년 한진해운 사태,

* 김인현 칼럼(108): 한국해운신문, 2024.11.12.

2020~2023 코로나19 팬데믹 시대, 2024 후티반군의 공격으로 수에즈운하를 사용하지 못하자 또 다시 일어난 물류대란은 선배들이 달성한 해상수송에서의 예측가능성을 크게 퇴보시키고 있다.

2020년대를 전후하여 세 번의 물류대란은 운임의 대폭 상승과 대폭 하락, 선복의 부족을 가져오고 있다. 이를 안정적으로 처리할 수 있는 방안이 무엇일까? 하나의 방안은 북극항로의 개척과 상용화다. 그러나 북극항로는 지정학적 장점과 단점을 모두 가지고 있고 이것을 극복해야 훌륭한 항로로서 기능하게 될 것이다. 지정학적 장단점은 법적 요소와 항해적인 요소를 수반하므로 이를 추가해서 본다.

선박분야에서의 예측가능성

무역거래에서 사람들은 적시에 안정적인 운임으로 자신들이 원하는 상품을 수출하고 수입하기를 원한다. 매매라는 거래가 있고 무역에는 수송이 뒤따른다. 가장 규모가 큰 수송은 해상운송이다. 해상기업은 운송을 통해서 수익을 얻는데 인적 설비인 선장과 물적 설비인 선박을 가지고 영리활동을 한다. 선박은 그 기본이 된다.

15세기~16세기 선박의 운항과 지금을 비교해보자. 범선으로 항해를 하던 시절에는 바람이 없으면 항해를 할 수 없었다. 나무로 지어진 선박은 좌초를 하거나 풍랑을 만나면 쉽게 부서졌다. 천체를 통해 위치를 구했기 때문에 안개가 끼면 위치를 알 수 없었다. 이런 대항해시대의 선박과 항해의 불확실성은 10척 출항에 3척의 귀항으로 결과가 나타났다. 수백년에 걸친 진화로 현재는 범선은 철선으로, 바람은 엔진으로, 별자리로 위치를 내던 것은 GPS(인공위성을 이용한 자동항법)로 안전한 선박의 운항이 보장되게 되었다. 유빙으로 인한 충돌, 좌초로 인한 오염사고를 줄이기 위해 이중저(double bottom)와

격벽이 만들어졌다. 이를 통해 예측이 가능한 항해가 된 것이다. 오늘날 출항한 배가 돌아오지 못하는 경우는 거의 없다.

항로의 발견과 개발도 눈부시다. 수에즈 운하의 개통은 남아공의 희망봉을 돌아서 죽음을 무릅쓰던 고단하고 위험한 항해를 선장들로 하여금 피하게 했다. 항해거리의 단축은 인류에게 운송료의 인하라는 선물을 가져다주었다. 파나마 운하의 개통도 남아메리카의 남단을 돌아가는 항해의 어려움을 피하게 해주었다.

이렇게 유용한 수에즈 운하는 현재 홍해의 입구인 바벨만데브에서의 후티반군의 공격으로 통항이 제한되고, 파나마 운하도 갈수기의 영향으로 선박통항수가 줄어들었다. 이것은 국제항로가 가지는 제약으로 국제무역과 물류의 흐름에 예측가능성을 낮추는 것이라고 할 수 있다.

최근 물류분야에서의 불확실성의 증가

국제무역에서 예측가능성은 안전한 선박과 선원으로만 보장되는 것은 아니다. 영업의 측면에서 수요와 공급이 잘 균형을 맞추어야 한다. 상품 수요보다 선박 공급이 부족하면 적기에 선박을 찾지 못하고 운임도 대폭 상승하게 된다.

한진해운이 파산하기 전 2015년경에는 대형선의 공급이 너무 많았고 그 결과 운임이 낮아서 회사들은 도산에 이르게 되었다. 최근 4~5년은 공급이 부족하고 수요가 많아 운임이 폭등했다.

최근의 불확실성은 영업의 측면에서의 수요와 공급이 균형을 이루지 못해서 발생했다. 자유경제체제하에서 선박의 공급을 하루아침에 늘리거나 줄일 수가 없다. 선박건조에도 2년이 필요하다. 선박의 공급은 단순하게 필요한 선박 수가 많다고 하여 달성되는 것은 아니다. 수에즈 운하를 우회하여 남아공의 남단을 돌아가면 15일이 더 걸리게 된다. 45일로 늘어난 항해일수를 보충하려면 1/3척의 선박이 더 투입되어야 한다. 다른 항로에는 배가 부족하게 된다. 공급이 줄어드는 현상이 나타난다. 이러한 공급부족의 사태는 지정학적 리스크에 의해 발생했다.

파나마 운하의 갈수기의 영향으로 파나마 운하에 물을 공급하는 양이 적어지자 수심이 깊은 선박은 통항하지 못하게 되었다. 또한 후티반군의 공격으로 수에즈 운하를 사용하지 못하게 되었다. 15일이나 항해일수가 더 길어지게 된 것이다. 이것은 기존보다 15%정도의 선박공급을 더 필요로 했다. 결국 공급부족으로 인한 운임인상과 인플레를 가져왔다. 이것은 지정학적 요소가 해운과 물류의 흐름에 영향을 미친 전형적인 사례가 된다.

지정학적 리스크를 해소하는 대체항로로서의 북극항로의 장점

우리나라에서 유럽으로 가는 싱가포르 말라카해협 경유 항로는 약 2만Km이다. 북극항로를 이용하면 1만5천Km가 걸린다. 줄어드는 5천Km는 약 2천7백마일이다. 12노트로 항해하면 약 10일이 덜 걸린다. 희망봉을 돌아서 유럽으로 가던 15일을 10일로 단축시키는 효과가 있다. 북극항로가 현상유지를 위한 대체항로 혹은 보완항로로서 기능할 수 있다. 우리나라는 지정학적으로 북극항로의 수혜자가 되는 셈이다.

북극항로의 단축된 항해거리는 지정학적 리스크로 인해 물류가 막힐 때 해소해 주는 보완재 혹은 대체재로서 기능하게 한다. 두 지점 간의 항해거리의 단축은 각종 선박운항비용의 감소로 작용하여 운임의 인하→상품가격의 하락으로 나타나 인플레를 막는 데 좋은 역할을 한다.

북극항로는 러시아의 영해 혹은 배타적 경제수역을 지나야 한다. 러시아가 정치적으로 북극항로에 제한을 두는 경우를 생각할 수 있다. 러시아와 우크라이나의 전쟁으로 우리나라도 불편한 관계가 있다. 이 경우 수출입화물의 이동이 막히거나 우리 선박이 입학이 거절되기도 할 것이다. 다만, 러시아항에 기항하는 것이 아니라 통과하여 유럽으로 항하는 것이기 때문에 정치적인 리스크는 크지 않다고 본다.

지정학적으로 우리나라는 동해, 포항, 울산 그리고 부산의 순서로 북극항로와 가깝다. 지리적인 차이는 5시간 이내의 항해거리로 선박의 운항수지에 결정적이지는 않다. 분명한 것은 위 네 개의 항구는 북극해를 통과하는 마지막 항구일 것이기 때문에 마지막 기항지에서의 보급(선원교대, 코로나 등 대처, 부식의 공급, 선박연료유 공급)에 편리함을 선주들에게 얼마나 제공할지에 따라 기항을 선택받게 될 것이다. 화물의 배치가 최우선인 것은 변함이 없다.

북극항로가 가지는 지정학적 리스크와 예측가능성 확보 방안

북극항로가 대체항로로서 어느 정도의 적합성을 가질 것인지? 적절한 대체항로가 되기 위해서는 여러 다양한 요소를 충족시켜야 한다. 몇 가지를 고려할 수 있다.

선박의 안전성 – 유빙의 존재

물류의 흐름의 기초는 운송수단이 안전해야 한다는 것이다. 선체 자체의 안전성은 크게 발전되어 왔다. 좌초가 되어도 침수가 되지 않도록 이중저를 만들었다. 북극해는 여전히 위험성을 내포하고 있다. 얼음에 부딪쳐서 선박이 부서질 우려이다. 높은 위도의 북극을 다니는 결과이다. 조선기술이 발달한 우리나라는 과거 대우조선해양이 내빙성능을 가지는 유조선을 건조한 적이 있다. 쇄빙선을 이용한 항해가 권장되고 있다. 조선시 선가의 인상과 통행료 납부 등의 비용증가를 감당할 수만 있다면 안전성은 확보된다고 볼 수 있다. 다만, 더 적극적으로 북극항로를 이용하려면 쇄빙선이 더 있어야 한다. 이중저는 밑바닥만 두 겹이다. 유빙은 선박의 옆에서도 받을 수 있기 때문에 선박의 측면에도 이중저의 기능을 하는 건조가 필요하다.

항로의 위험성 표지와 공시

북극항로에는 위험성 표지와 알림의 문제가 있다. 선박이 항해하기 위해서는 수심이 대단히 중요하다. 수심에 맞추어서 항해를 해야 한다. 해도에 수심이 표시되지 않은 곳은 측량이 되지 않았기 때문에 위험하다. 수심을 알려주는 것은 연안국의 의무이다. 해도는 공표되고 공간되어 누구나 구할 수 있어야 한다. 항해구역에 대해 러시아가 수심과 위험물과 항해표지를 넣은 해도를 공간했을 것이다. 그렇지만, 북극해는 얼음이라는 변수가 있어서 예측가능성을 낮춘다. 계절에 따라 녹아내려서 부유하는 얼음의 존재를 선박에 즉시 알려줄 의무가 연안국에 부과되어 있다. 얼음은 반사체의 성능이 거의 없기 때문에 레이더에 잘 나타나지 않는 위험성을 내포하고 선장들을 위협한다.

IMO가 채택한 Polar Code가 이 문제를 직접 다루고 있다. 국가와 선박의 선박소유자는 유빙에 대처할 장치를 갖추어야 한다. 이렇게 갖추어진 장비를 선원들이 활용하지 않으면 문제가 생긴다. 선원들의 실수라는 요소가 개입될 여지가 많으므로 이 부분은 불확실성이 있다고 본다. 이를 어떻게 확보할 것인지 숙제의 하나이다.

항해중 환경의 변화에 따른 선박이 가지는 위험성

항해중 환경의 변화에 따른 선박운항의 문제가 있다. 북극은 그야말로 추운지방이다. 북극항로를 다니게 되는 선박은 다양한 선종을 가진다. 원목선도 그중의 하나이다. 필자는 미국의 북서부 롱뷰에서 원목을 싣고 고위도인 알래스카를 위험하게 항해한 아찔한 경험이 여러 번 있다. 미국 북서부에서 떠나 북극항로를 이용해 유럽이나 미국 동부로 가는 경우를 상상해보자. 원목선은 갑판 위에 원목이 가득 실려 있다. 북극해를 지나게 되면 내리는 눈이나 파도라는 수분이 얼음이 되어 갑판 위에 무게가 더해진다. 갑판 위에 실린 원목은 무게중심보다 위에 있기 때문에 복원성을 약화시킨다. 전복의 위험성이 높아진다. 이에 맞추어서 짐을 위에 적게 실어야 한다. 반대의 경우도 상상할 수 있다. 러시아에서 출발하는 원목은 잔뜩 젖어 있다. 온난한 곳으로 선박이 남하하게 되면 원목선은 가벼워진다. 물에 잠긴 부분이 작아지고 물위에 올라온 부분이 높아진다. 교각을 지날 때 부딪칠 우려가 생긴다.

북극항로에 남겨진 법적 · 정치적 리스크

북극해항로는 미지의 세계이라서 위험하기도 하지만, 인류의 마지막 보루로써 지켜야 할 곳이기도 한다. 친환경적으로 사용되어야 한다. 또한 해상기업은 법적인 리스크가 너무 많은 것은 택하지 않는 경향이 있다.

해상기업

바다는 예측불가한 위험을 안고 있기 때문에 해운업은 모험사업으로 치부되었다. 바다에서의 위험을 줄여주어서 보다 안정된 해운업을 하도록 보험제도와 책임제한제도가 생겨났다. 과연 북극해 항로를 선호하고 기꺼이 위험을 무릅쓸 운송인이 있는가? 머스크, MSC, CMACGM은 북극해 항해를 하지 않겠다고 공언한 바 있다. 환경손해가 발생시 이미지추락을 고려한 결과일 것이다. 대체항로로 필요하다고 인정되면 인센티브를 제공하면서 해상기업이 북극항로에 진입하게 해야 한다.

북극해 항해를 상용화할 의지를 갖는 자는 선박소유자가 아니라 운송인들이다. 포워더 등이 계약운송인이 되어 운송이 일어난다. 수요가 공급을 일으키게 된다. 높은 운임과 선복부족을 경험한 화주들이 포워더 등에게 운송을 요청하면 포워더는 대형 정기선사에게 실제운송을 부탁한다. 대형 정기선사들이 운송에 미온적이면 중소형 정기선사들이 운송에 들어가게 될 것이다. 실제로 운송을 하는 중소형 정기선사들이 투입되면 여러 가지 운항상, 법률상 리스크가 증가될 것으로 본다. 계약운송인인 포워더들에게 계약상 책임을 묻는 일이 많아질 것이다. 포워더들은 책임보험을 강화해야 한다.

해역의 법적 지위 – 통행료

북극항로에서 항해가능해역의 법적 지위가 불안하다. 1982년 유엔해양법하에서는 바다는 내해(internal water), 영해, 배타적 경제수역, 그리고 공해로 나누어진다. 미국 LA항에서 떠난 선장이 부산항을 향했다. 선장은 미국의 내수 → 영해 → 배타적 경제수역 → 공해에 들어간다. 10일을 항해한 다음 일본해역으로 들어간다. 배타적 경제수역 → 쓰가루 해협을 빠져나와 한국의 배타적 경제수역 → 영해 → 내해로 들어간다.

이 각각에 따라 선장은 각기 다른 지위에 놓인다. 공해에서는 완전한 항해의 자유를 누린다. 배타적 경제수역에서는 안전과 오염에 대해서는 연안국의 관할하에서 연안국의 법령을 지켜야 한다. 영해에서 선박은 무해통항권(innocent passage)을 가진다. 연안국에 해를 끼치지 않는 한 자유롭게 연안국의 해역을 통항할 수 있다. 측량 등을 하게 되면 연안국에 해를 끼치는 사유가 되므로 미리 연안국의 허가를 받아야 한다. 입항하여 내해에 들어가면 연안국의 법령을 지켜야 한다. 그렇지만, 내부적으로는 선적국의 법의 적용을 받는다. 국제해협의 경우 통과통항권(transit passage)을 선박이 가진다. 연안국에 해를 끼치지 않으면서 자유롭게 통과할 수 있다.

러시아의 북극항로를 사용하면 쇄빙선 사용료 혹은 통행료를 내고 도선사까지 승선시켜야 하는 것으로 알려져 있다. 영해의 경우에 통과하는 선박에 대해 통행료는 부과할 수 있다는 내용은 해양법에 나와 있지 않다. 이것은 러시아가 해당 좁은 해역을 내해로 본 결과일 것으로 본다. 국제적인 선박들이 항해에 사용하는 해협이라면 역시 통과통항권이 선박에는 있기 때문에 통행료를 부과할 근거가 없다.

유엔해양법 제234조에 의하면 배타적 경제수역에서라도 결빙지역에는 연안국이 해양오염을 방지하기 위해 법령을 제정하고 차별없이 시행할 권리를 가진다. 결빙지역에 특별히 허용된 규정이다. 러시아는 이를 근거로 안전관련 법령을 만들어 시행하는 것으로 보인다.

손해배상책임

북극항로에서는 선박의 운항자가 충돌이나 좌초사고로 큰 손해배상책임을 부담할 가능성이다. CLC나 IOPC 펀드와 같은 손해배상체제가 잘 갖추어져 있다. 유조선에 의한 오염사고시 1조 2천억원까지 보상이 가능한 체제에 들어가 있다. 손해는 이렇게 처리된다고 하여도, 회사의 이미지추락은 아주 크다고 할 수 있다. 이를 회피하는 방법으로는 해상기업은 정기용선자로서 선박을 빌려서 운항하면 자신은 운항자로서 책임을 부담하지 않아서 위험을 줄일 수 있다. 유조선과 달리 이중저가 없는 북극항해 일반선박에도 이중저를 두는 방안이 있다. IMO는 제75차 해양환경보호위원회에서 2024년 7월 1일부터 북극해에서의 HFO 사용과 선박을 통한 수송 금지를 승인했다.

이와 관련하여 러시아의 원유를 운송하는 "어두운 선대(shadow fleet)"가 문제된다. 정상적인 보험에 가입하지 못한 선박들이다. 오염사고시 피해자들이 CLC와 IOPC펀드를 이용한 보상을 받지 못하므로 국제사회에 큰 피해를 안기게 될 여지가 있다.

자율운항선박과 친환경선박의 활용

자율운항선박의 상용화도 눈앞에 와있다. 4단계는 완전무인화로서 도입이 쉽지 않을 전망이다. 3단계는 선원은 승선하고 있지 않지만 원격조정이 가능한 단계이다. 2단계는 각종 IT와 OT를 활용하여 선박을 스마트화한 단계이다. 자동프로그램 등으로 더 강화시키고 선박의 움직임을 원격으로도 감시하고 조종가능한 3단계를 결합하면 북극항로가 더 안전해질 것이다. 여기에 추가되는 비용은 선박소유자가 부담할 사항이지 정기용선자가 부담할 것은 아니다.

탄소중립을 위한 친환경에너지 사용 선박이 많아져야 한다. 탈탄소화된 친환경에너지 선박의 사용을 더 앞당길 필요가 있는지 검토해야 한다. 보다 적극적으로 환경을 지키기 위함이다. 선박 측에는 부담이 될 것이다. 친환경선박의 제공은 선박소유자가 부담할 것이고, EU탄소세는 선박을 직접영업에 활용하는 정기용선자가 부담해야 한다. 우리나라와 러시아의 항에 그린 코리도(Green Corridor)를 설치하는 방안도 있다.

결론: 상용화를 위한 필요한 준비작업

위에서 본 북극항로가 가지는 지정학적인 불안정성을 하나씩 제거해나가고 보완해야 북극항로가 국제물류 흐름의 대체재로서 안정적으로 확보될 것이다. 가장 큰 지정학적 위험요소는 북극지방의 특성으로 인한 유빙의 존재와 항로가 상시 열리지 못한다는 점이다. 이는 쇄빙선과 내빙선으로 돌파할 수 있다. 지정학적 장점은 한국의 입장에서는 지리적으로 항해거리가 단축된다는 점이다.

첫째, 국가적 차원의 준비가 필요하다. 상선의 앞에서 얼음길을 열어주는 쇄빙선은 국가의 몫이다. 얼음이 없는 고속도로를 내어주는 것이다. 쇄빙선의 제공은 국가가 사회기반시설을 해주는 것으로 보아야 한다. 러시아의 영해에서 러시아가 제시하지 못하는 부분은 우리 정부가 길을 내어주어야 한다. 쇄빙선 1척으로는 부족하다. 건조비 및 운항비가 모두 국고에서 준비되어야 한다. 잘 갖추어진 해도가 필요하다. 국제적인 협력체제하에서 측량을 하여 수심과 얼음의 존재를 알려주는 해도를 준비해야 한다. 국가가 저궤도 극지 인공위성을 올려서 실시간 정보를 주는 것도 가능할 것이다.

현재 우리나라는 북극이사회에 옵저버로 참여하고 있다. 공해와 배타적 경제수역에서 우리나라가 마음대로 운항할 수 있는 자유가 있다. 영해 내에서도 무해통항권을 누린다. 비록 우리가 북극에 영해를 가지는 이사국은 아니지만, 바다를 이용할 권리가 있으므로 적극적으로 이사회에 참여, 국제사회에 기여도 하고 국익을 추구해야 한다.

두 번째, 민간차원에서도 장기적인 대책과 준비가 필요하다. 1회성이 아닌 깊이 있는 연구가 필요하다. 연구인력이 모여서 집단지성을 발휘해야 한다. 실증선박이 다니게 되면 항해자료를 빅데이터로 모아서 사용할 수 있게 해야 한다. 국제해법학회 모임에도 참석하여 새로운 법질서의 확립에 우리가 주도권을 잡도록 해야 한다. 연구기관의 연구결과의 공유가 필요하다. 부족한 인력을 최대한 가용하여 합쳐야 한다. 경쟁하는 부산항, 울산항, 포항항, 동해항도 자신들의 장점을 살리는 특화전략으로 가야 한다.

이렇게 하여 북극항로가 세계무역에서 수요공급의 조정이 가능한 대체재로서 기능하길 바란다. 본 세미나를 계기로 북극항로의 지정학적 장단점과 활용방안에 대해 더 통섭적인 연구가 이루어져 우리 국익의 신장이 도움이 되길 바란다.

제 14 장

쇄빙기능 우리 선박으로 북극항로 상용화하자*

동토였던 북극이 지구온난화 영향으로 녹으면서 선박이 항해할 공간을 제공하고 있다. 이런 추세라면 연중 항해가 가능할 수도 있다.

북극은 다양한 측면에서 긍정적인 효과를 우리에게 가져다준다. 첫째, 항해 거리의 단축이다. 부산항을 기점으로 서쪽으로 말라카 해협을 거쳐서 유럽으로 가는 것보다 동으로 항해, 북극항로로 가면 항해 거리가 30% 단축된다. 선박 연료 소모도 준다. 단축된 거리는 항해에 사용되는 선박의 숫자를 줄어들게 하여 선박 공급이 초과되게 한다. 결국 운임이 하락하고 수출입 상품 가격이 하락하게 한다.

두 번째, 북극항로는 대체 항로를 제공, 물류의 흐름에 안정과 예측가능성을 부여한다. 수에즈 운하와 파나마 운하는 물론 대만해협과 바시해협도 정치적·군사적으로 불안정하다. 항로 폐쇄의 우

---

* 매일신문, 2025.4.14.

려가 있다. 전쟁의 위험으로 이들 해협으로 통항하지 못하면 선박은 우회하여야 하고 항해가 길어지게 된다. 이는 선박 공급 부족이라는 결과를 낳고 운임의 폭등을 가져온다. 북극항로는 유사시 기존 항로의 대체 항로로서 기능하게 된다. 부산-베링해-북극-유럽으로 물류의 흐름이 계속된다. 상품의 공급이 제때 이뤄지게 하고 인플레이션을 막아 세계 경제의 안정화에 기여한다.

세 번째는 북극지방에 존재하는 천연가스 등 자원을 남쪽으로 이동시키는 데 큰 기여를 한다. 송유관을 설치해 육지로 자원을 이동시켜야 하는 어려움을 북극항로가 가능하게 한다. 알래스카 북쪽에 존재하는 천연가스가 대표적이다. 1,300㎞나 되는 송유관 건설을 얼음 땅 위에서 한다는 것은 쉽지 않은 일이다. 알래스카 북쪽의 보퍼트-축치 바다를 거쳐 남쪽으로 베링해를 거쳐서 한국이나 일본으로 천연가스를 이동시킬 수 있다면 훨씬 경제적이다.

이렇듯 북극항로가 상용화되면 우리나라에 큰 경제적 효과를 가져다준다. 선박은 긴 항해를 위한 준비를 마지막 항구에서 해야 한다. 부산항과 포항항이 그 마지막 준비항으로 기능하게 된다. 연료유, 부식 공급, 선원 교대가 여기서 이루어진다. 이를 통해서 많은 부가가치가 창출된다. 선주는 화물이 어느 정도 선박에 채워져야 항해하게 된다. 부산항은 컨테이너, 포항항은 철강 등 건화물의 집합소가 될 것이다. 항만이 분주해지면서 수익이 창출된다. 북극 항해를 위해서는 상당한 숫자의 쇄빙선이 필요하다. 쇄빙선이 정박할 항구가 필요하다. 쇄빙선의 건조와 제작 및 수리, 정비가 필요하다. 포항항이나 속초항이 지리적으로 유리하다. LNG 등의 운송 수요가 일어나서 LNG 선박의 발주를 더 해야 하고, 이는 조선업에도 도움이 된다.

녹지 않는 얼음을 인위적으로 녹일 수 없다. 해답은 조선 기술에 있다. 쇄빙선으로 얼음을 깨트리며 항해가 가능하면 상용화가 가능하다. 우리 조선 기술은 쇄빙선은 물론이고 쇄빙 기능을 갖춘 상선 15척을 이미 건조해 성공적으로 항해를 마친 적이 있다. 바다에 매진한 우리 해운과 조선산업의 선각자들 덕분에 우리는 연중 북극항해가 가능한 쇄빙 기능을 갖는 선박을 건조해 뒀다. 쇄빙 기능을 갖춘 우리 선박으로 북극항로를 통해 자원을 운송, 큰 부를 만들어 가자.

물 들어왔을 때 노를 저어야 한다. 이제 도널드 트럼프라는 물이 미국으로부터 밀려왔다. 노는 바로 부산항, 포항항과 같은 항만 당국과 부산시, 포항시와 같은 지자체이다. 북극항로를 개척해 허브 항만이 되어 다양한 부가가치를 올려야 한다. 힘껏 노를 저어 앞으로 나아가자. 국부 창출의 순간이 눈앞으로 다가왔다.

제 15 장

해양인력 양성, 미국을 배우자*

미국은 최근 함정 수리·건조에 대한 입법 제안을 통해 해양에서 패권을 장악하려고 시도하고 있다. 미국은 상선을 운항하는 인력 양성에도 큰 관심을 가지고 구체적인 안을 제시하고 있어 우리나라에 큰 시사점을 던져 준다.

아무리 군함과 상선대가 있다고 해도 이를 움직이는 것은 선원이다. 미국의 전략물자 수송단이 현재 80척에서 10년 이내에 250척으로 늘어나게 되면 거기에서 근무할 해기사(상선사관)가 필요하다. 정부가 발급하는 면허를 가진 고급 선원을 해기사라고 한다. 어느 나라나 3~4년 정도 교육과정을 거친 사람이 해기사가 된다. 미국은 사관학교와 동급으로 운영되는 '연방상선사관학교(킹스 포인트)'와 6개의 주립대학이 있다. 장차 10년간 5,000명의 해기사가 더 필요하므로 대대적인 인력 확보 프로그램을 준비하고 있다.

관련 입법은 세 방향으로 추진되고 있다. 첫째, 연간 200명의 학

* 매일경제, 2025.4.15.

생을 해기사로 배출하는 킹스 포인트를 현대화하고 학생 수를 늘리는 방안이다. 6개만 있는 주립대학의 숫자도 늘려서 더 많은 해기사를 양성하려고 한다. 둘째, 해기사의 처우를 대폭 강화하려고 한다. 킹스 포인트를 졸업하고 7년간 주어진 근무를 마치면 연방 공무원에 경쟁 없이 특채된다. 10년간 승선하면 정부 지원으로 대학을 무료로 다닐 수 있다. 셋째, 해운과 조선이 미국에 얼마나 중요한지 홍보할 조직을 만들어 활동하도록 한다.

우리나라는 한국해양대학과 목포해양대학에서 해기사를 양성하고 조선학과, 해운경영학과 등 특성화 학과에서 해양 인재를 양성하고 있다. 우리나라는 인구가 주는 데다 승선이 기피 대상이다 보니 미국처럼 해기사가 부족한 실정이다. 특히 내항 해운과 하급 해기사가 더 심하다. 미국과 같은 획기적인 시설 확충과 해기사의 처우 개선이 있어야 적정한 수의 해기 인력이 해양대학에 지원하게 될 것이다.

30년간 무역적자를 기록하고 외국 상선대에 의지해 오던 미국이 정책을 바꿔 자국 해운과 해군을 강화하려고 하는 것을 우리는 타산지석으로 삼아야 한다. 무역에 크게 의존하는 대한민국이 해기 인력과 해양 인력 양성을 게을리해서는 안 된다는 뜻이다. 미국의 '선박건조 인프라법'은 국고와 무관하게 특별예산을 두고 있다. 특별예산으로 해기 인력을 양성할 방법이 없는 우리나라는 비수도권 대학에 대한 지원 사업인 '글로컬 대학 30'에 선정되는 것이 유일한 방법이다. 한국해양대학과 목포해양대학이 1국 1해양대학을 기치로 통합을 통해 학교 규모를 줄이고 특성화를 하겠다는 전략이 탁견인 이유다. 가장 기본이 되는 해기사 양성을 확보하고 이를 기반으로 범위를 확대하여 해운경영, 해사법학, 선박 건조, 해양인문학 등 해양과 관련된 다양한 분야의 인재도 글로컬 30 우산 아래에서 양성이 가능할 것이다.

해기사를 양성하는 해양대학은 물론 관련 업계와 해양수산부, 부산과 목포시는 최선을 다해 해양대학이 글로컬 30에 선정되도록 해야 한다. 무역 대국으로서 해양안보 확보는 인력 확보가 알파와 오메가임을 잊지 말자.

제 3 부

조　　선

1. 한화의 대우조선 인수가 HMM 매각에 주는 교훈 / (한국해운신문, 2023.7.28.)
2. 바다 위의 테슬라, 자율운항선박으로 해양 경쟁력 강화 / (한국일보, 2023.8.16.)
3. 부울경을 세계 최고 해양선박 금융도시로 / (부산일보, 2024.1.1.)
4. 미국이 제공하는 조선해운의 새 먹거리 / (매일경제, 2025.1.20.)
5. 2025년 해운 · 조선산업의 기회와 도전 / (부산일보, 2025.1.27.)
6. 미국발 변화와 한국 해운조선업계 대응 / (부산일보, 2025.4.21.)

제 1 장

한화의 대우조선 인수가 HMM 매각에 주는 교훈*

이번 칼럼은 김인현 교수가 지난 7월 16일 일본 홋카이도 대학에서 한국경영법률학회가 개최한 '2023년 하계국제학술대회'에서 발표한 내용을 해운신문 독자들을 위해 수정한 것임을 밝혀둡니다.

서 론

회사경영권을 획득하는 방법은 회사를 인수 및 합병하거나 최대주주가 되는 것이다. 최대주주가 되는 방법으로는 신주를 발행해 제3자가 이를 인수하는 방법, 시장에서 유통되는 주식을 매입하는 방법, 영구채를 발행한 것을 주식으로 전환하는 방법 등이 있다.

대우조선해양은 현대중공업, 삼성중공업과 함께 우리나라 3대 조선소로 잠수함, 군함 등 방위산업, LNG운반선 건조 분야에 경쟁력

* 한국해운신문, 2023.7.28.

을 갖고 있다. 2010년대 해양플랜트에 진출했다가 대규모 적자가 발생했다. 산업은행이 대출금을 출자전환해 최대주주가 돼 대우조선을 관리해 왔다.

2022년 4월 이사회와 주주총회를 통해 사내이사 3인, 사외이사 4인으로 구성된 이사회가 결성됐는데 필자도 사외이사로 경영에 참여하게 됐다. 한화그룹이 대우조선을 인수해 사명을 한화오션으로 변경해 2023년 6월 새출발하게 됐다. 한화는 제3자 인수방식으로 신주를 발행하는 형식으로 대우조선을 인수했다.

HMM도 대우조선과 같이 산업은행이 최대주주인데 민영화가 추진될 예정이다. HMM의 민영화에 대우조선의 최대주주 변경 선례가 활용될 수 있을지 알아본다.

경영권 확보의 방법

주식을 인수해 최대주주 지위 획득

회사가 발행한 주식을 취득해 50%를 넘어서면 최대주주 지위를 가지게 된다. 의결권은 통상주식 1주에 1개의 의결권이 주어지므로 표대결에서 경영권을 장악할 수 있다. 기존에 발행된 주식을 주식시장에서 구하는 방법이 있고 신주를 발행하면서 이를 인수해 최대주주가 되는 방법이 있다. 후자는 기존의 경영층과 교감이 있어야 한다. 기업구조를 변경할 경우에 나타난다.

채권을 주식으로 출자전환하는 방법

회사에게 대출을 많이 해주어서 금융채권을 가진 은행이 경영권을 장악하여 구조조정을 할 때 사용하는 방식이다. 대출금을 주식으로 변경하는 것이다. 대주주의 주식을 무상감자시킨 다음, 신주를 발행하여 채권자에게 인수시키는 방법이다. 대우조선의 경우 이런 방식으로 산업은행이 최대주주가 되어 사실상의 경영권을 장악해오고 있었다.

선박 건조의 특유한 대금 수령

선박을 건조할 때 건조대금은 다양한 방법으로 건네진다. 통상 5번에 걸쳐서 건조대금이 분할해 지급된다. 이 경우 선수금으로 재료를 구입해서 건조하게 되므로 외상건조의 문제는 없다. 그러나 헤비테일의 경우 대부분의 건조 자금을 발주사는 인도시에 지급한다. 헤비테일 방식의 경우 조선소는 건조기간 필요한 재료를 구입함에 자신의 자금을 투입해야 한다. 조선소는 2년간 외상으로 선박을 건조하게 된다. 이와 같은 방식이라면 조선소는 수주가 많을수록 더 많은 현금이 필요하게 된다.

2021년 들어와서 조선소들은 활황으로 많은 수주를 하게 됐다. 대우조선도 향후 2~3년에 걸쳐 건조자금이 필요하게 됐다. 대우조선은 산업은행 등과 대출약정을 체결해두고 있었다. 최대주주이자 대출을 담당한 산업은행과도 약정대출금을 소진한 상태였다. 최대주주인 산업은행도 민영화의 방침에 따라 2조원의 자금을 조달해줄 인수자가 필요했다.

한화의 대우조선 인수경과

한화그룹과의 조건부 투자합의 체결

2022년 9월 26일 대우조선 임시이사회가 소집됐다. 한화가 2조원을 투입한다는 안이 제출됐다. 스토킹 호스방식으로 경쟁하는 모양을 가졌다. 신주를 발행해 제3자가 모두 인수하는 방법을 택한다는 안이었다. 신주를 발행해 제3자가 인수하는 방식은 정관과 상법에 반하지 않아야 한다(상법 제418조 제2항)(정관 제11조). 상법에서는 "재무구조의 개선 등 회사의 경영상의 목적 달성"이라는 조건을 요구하고 있다. 제출된 안에서는 산업은행이 2대 주주(28%)로 남는다는 점에서 최후의 안전판이 확보돼 있었다.

예상됐던 법적 효과

첫째, 경영권의 이전이 예정됐다. 한화가 지분 45%를 소유해 최대주주가 되는 점이 가장 중요한 법률효과였다. 산업은행은 지분이 55%에서 28%로 내려가서 2대 주주가 된다. 결국 한화가 최대주주가 돼 경영권을 장악한다. 대표이사 등 등기이사진의 교체가 예상됐다.

둘째, 자본의 증가가 예상됐다. 신주발행으로 2조원의 자본이 증가한다. 부채비율이 현저하게 낮아진다. 현재 자본 약 1조 5천억원, 부채 약 10조원으로 부채비율이 713%이나 인수후 자본 3조 5천억원, 부채 10조원으로 30% 내외가 된다.

셋째, 건조자금의 확보가 가능했다. 무엇보다 중요한 것은 자본이 부족했던바 2조원의 자금이 유입되면 수주한 선박을 순조롭게 건조할 수 있다는 장점이 있었다. 더 이상 대출이 되지 않는 문제점을 해결할 수 있었다. 산업은행은 대우조선과 약속한 RG 발행 등 금융지원을 5년간 계속한다.

경쟁입찰 및 실사

대우조선은 홈페이지에 입찰참여자 모집을 공고했다. 한화 단독으로 신주인수당사자를 정하게 됐다. 협상시 제공된 내용보다 회사가 불량할 수 있기 때문에 일정 수준의 부채증액은 수용하는 조건을 가졌다. 한화는 실사를 하게 됐다.

신주인수계약

2022년 12월 6일 한화그룹을 최종 투자자로 확정하고 12월 16일 신주인수 계약을 체결했다. 정부인허가 추진 등 거래종결에 대한 선행조치를 완료했다. 8개 경쟁당국 기업결합승인도 완료됐다.

5차 정기이사회 개최(2023년 5월 8일)

정기이사회를 열어 제24기 1차 임시주주총회 소집을 결의했다. 임시주총을 2023년 5월 23일 오전 9시 30분 거제시 대우조선 오션플라자 해피니스홀에서 개최하고 제1호 의안－정관변경의 건, 제2호 의안－이사 선임의 건(사내이사 3, 사외이사 4, 비상무이사 1인) 등을 정했다. 두 번째 안건으로 가장 중요한 “제3자배정 유상증자 신주발행 승인의 건”을 결의했다. 기명식 보통주식 약 1억주를 발행하고 신주의 발행가격은 1만 9,150원으로 한화는 약 2조원의 주식을 구입하게 된다. 세 번째 안건으로 대우조선의 자회사인 삼우중공업 금융지원 합의체결 승인의 건을 의결했다.

5차 임시이사회 개최(2023년 5월 23일)

한국수출입은행 무보증사채 인수계약에 대한 변경계약을 체결하는 것을 이사회가 승인했다. 한국수출입은행이 가지는 무보증사채에 대한 미지급이자를 대우조선에 출자전환해 한화를 도와주기로 했다. 영구채에 대한 이자를 지급하지 않았던 것을 수출입은행이 출자로 전환해 한화를 도와준 것이다.

임시주주총회(2023년 5월 23일)

드디어 대우조선의 조선소가 있는 거제도에서 주주총회를 개최했다. 주주는 주주총회에 출석해 결의에 참가할 수 있는 권리(의결권)를 가진다. 1주 1의결권의 원칙이다. 정관 변경에서 회사의 명칭이 대우조선에서 한화오션으로 변경됐다. 새로운 이사가 선임됐다. 서울 사무소에서도 같은 시각에 새로운 이사들이 이사회를 열어서 대표이사를 선임했다. 신주인수대금에 대한 현금납입이 이루어져서 신주인수 거래가 종결됐다.

회사법상 쟁점

신주인수의 방식

신주를 발행하면 자본금이 늘어난다. 신주를 발행해 구주주에게 배당하는 것이 자연스럽다. 경영권을 넘기기 위해는 제3자에게 전액을 인수시키는 것이 바람직하다. 舊주주에게는 불리할 수 있기 때문에 제한하는 요건을 충족하는 경우에만 제3자 인수방식의 효력이 있도록 한다. 대우조선의 경우 경영의 합리화를 위한다는 조건을 충족한 것이라서 이사회의 승인을 얻었다.

자회사의 처리

대우조선이 100% 주식을 가지는 삼우중공업이라는 자회사가 있었다. 자회사도 한화가 튼튼하게 인수하는 것으로 약정됐다. 산업은행(886억원)과 대우조선(150억원)은 각자의 채권을 출자전환하도록 했다. 69:1로 감자를 했다. 그런 다음 유상증자해 대우가 3자배정방식으로 200억주의 신주를 인수했다. 이렇게 대우조선은 97%의 지분을, 산업은행은 3%의 지분을 갖도록 됐다.

영구채의 처리

수출입은행은 영구채를 약 2조 3천억원 가지고 있었다. 신종자본증권으로 불리는 영구채는 회계상 자본으로 처리된다. 수출입은행이 영구채를 주식으로 전환하면 한화의 경영권에 영향을 미치므로 이에 대해도 기존의 약정내용을 유지하는 것으로 했다.

제2대 주주의 지위

산업은행은 2대 주주로서 여전히 28%의 지분을 가진다. 2대 주주로서 산업은행은 자신이 추천한 1인을 사외이사로 진출시켰다. 산업은행은 한화가 조선업의 불황을 이기지 못해 적자가 지속된다면 다시 개입할 수 있다. 저렴한 대출을 통해 산업은행은 여전히 한화에 대해 의견을 제시할 수 있는 지위이다.

부채비율과 자본

부채비율은 자본과 부채를 비교하는 수치이다. 대우조선은 조선소의 회계처리상 특별한 점을 두 가지 가지고 있다. 선수금은 선박을 토막으로 건조한다는 가정하에 일정부분을 미리 조선소에게 발주자가 지급하는 금전이다. 선수금은 부채로 인식되고 공정이 진행되는 만큼 부채가 없어진다. 선박이 모두 건조되면 부채는 제로가 된다. 수주했다는 것은 2년 뒤에 잔금을 모두 받으면 흑자가 되는 상황이지만 이와 같이 수주 후에 바로 부채비율이 높아지는 이해하기 어려운 측면이 있다. 이렇게 높아진 부채비율의 실상을 이해하지 못하면 은행권은 대출을 꺼리게 된다.

조선소의 자본총계는 자본금, 잉여금, 신종자본증권 등으로 구성된다. 자본금은 상법이 정한 최소한 채권자를 보호하기 위한 수단이다. 주식총수×액면가로 구해진다. 회사가 영업이익을 보게 되면 일정 금액은 상법이 정한 바에 따라 적립을 해야 한다. 이외에도 남은 금액은 잉여금으로 쌓아둘 수 있다. 영구채는 30년 정도 은행으로부터 대출을 받았지만 오랫동안 갚지 않아도 되기 때문에 자본의 항목으로 잡히게 된다. 대우조선의 경우 영업상의 적자가 지속

돼 (-)로 처리되고 있다.

HMM의 처리에 대한 교훈

HMM의 지배구조

HMM은 舊현대상선이다. 정기선 영업이 영업의 90%를 구성한다. 정기선 영업은 컨테이너를 이용한 개품운송계약을 체결해 운송하는 영업이다. 수출입 상품의 대부분은 컨테이너를 이용한 운송을 하게 된다. 불황 후에 2021년과 2022년 코로나19 특수 활황으로 영업이익률 60%를 달성하기도 했다. 2015년과 2016년 한진해운 회생절차 신청 당시 현대상선도 적자가 많았기 때문에 정부는 산업은행의 대출 등을 통해 지원했다. 현대상선을 살리기 위해 해양진흥공사를 만들었고 산업은행은 출자전환을 해주었다. 그 결과 사명을 HMM으로 변경한 현대상선은 산업은행과 해양진흥공사가 최대주주다. 산업은행이 20%, 해진공이 19%의 지분을 갖는다. 2022년말 매출은 18.4조원, 매출원가는 8.2조원, 영업이익은 9.9조원, 당기순이익은 10조원이다. 자본총계는 20.6조원(자본금 2.4조원, 기타 불입자본 4.3조원, 이익잉여금 10조원, 기타 자본구성요소 3.5조원)이고 부채는 5.3조원으로 자산은 25.7조원이다.

정부의 계획

정부는 튼튼한 해운물류회사에게 HMM을 민영화해 안정적인 해운업이 영위되기를 바란다. 현재 HMM은 위에서 보는 바와 같이 현금을 이익잉여금으로 많이 보유하고 있다. 어떤 방식으로 제3자가 인수하게 할 것인지 논의 중이었다. 신주를 발행할 필요는 없고, 기존의 주식을 제3자가 매입하는 것이 가장 좋은 방법으로 회자된다. 이번 매각공고에 의하면 역시 기존의 주식을 제3자가 매입하는 방식을 택했다.

얼마의 주식을 인수해야 하는가?

최대주주가 되기 위해서는 총 발행주식의 약 40% 정도는 보유해야 한다. HMM의 경우 20억주 중에서 약 5억주가 발행돼 유통되고 있다. 따라서 2억주는 가져야 최대주주가 될 수 있다. 1주당 현재 시가가 2만원 정도이므로 2억 주를 인수하기 위해는 4조원이 필요하다. 신주를 다시 발행할 필요는 없다. 신주발행은 기존 주주의 지배구조에도 변경을 가져오기 때문에 피해야 한다. 이번 7월 21일자 매각공고에 의하면 산업은행과 해양진흥공사 등이 보유한 HMM 보통주식 1억 9,879만 156주가 그 대상이다. 필자의 예상과 비슷한 수치다.

영구채의 처리

산업은행과 해양진흥공사가 보유한 영구채는 전체주식의 52%(약 5억 4천주)를 차지한다. 정부가 주식으로 전환하면 매수인은 최대주주가 되지 못한다. 이런 위험을 안고는 인수하지 않을 것이다. 영구채 중 약 20% 정도를 없애고 32%만 정부가 가지도록 해야 한다. 산업은행이 인수자와 계약을 체결해 20%를 매각하는 것이다.

이번 매각공고에 의하면, 산업은행과 해진공이 보유하고 있는 HMM 발행 제192회 전환사채(액면총액 4천억원)의 전환권과 제193회 신주인수권부사채(액면총액 6천억원)의 신주인수권을 모두 행사하면 이들이 HMM 보통주식 2억주를 가지게 된다. 이것도 이번에 함께 매각해 위와 같은 우려를 없애고자 하는 것으로 보인다.

총매수 주식수 및 예상 취득가

이번 매각공고에서는 기존의 발행된 주식과 영구채를 전환한 주식까지 포함해 입찰대상 HMM 보통주식은 총 3억 9,879만 156주다. 이 주식의 수치는 HMM의 잠재발행주식 총 10억 2,503만 9,496주의 38.9%로 최대주주가 돼 경영권을 장악하게 된다. 이를 주당 2만원으로 대략 계산하면 8조원 규모의 현금이 필요하다는 결론에 이른다.

정부는 2대 주주로 남아야

정기선의 운항은 경쟁이 치열하다. 정부의 지원 혹은 후견이 필요하다. 정부는 후견인으로 남아 있어야 한다. 사외이사를 1~2명 보내서 이사회에서 영향력을 행사할 수 있다. 한화의 대우조선의 인수과정에서 경험했기 때문에 산업은행도 이런 길을 걸을 것으로 보인다. 이번 매각공고에 의하면 산업은행과 해진공이 가진 구주식의 상당량과 영구채의 일부를 매수인에게 매각한다. 매수인은 전체의 40% 정도의 지분을 가진다. 정부 측도 약 30% 정도의 지분을 가지는 것으로 보인다. 대우조선도 산업은행이 1명의 사외이사를 추천했다. HMM도 그렇게 될 것으로 보인다. 올바른 정책이라고 본다.

결 론

대우조선은 자본이 부족한 상태로 현금 2조원이 필요했다. 그래서 신주를 발행해 자본을 확보하는 방식이 필요했다. 제3자 신주배정방식으로 한화가 신주 2억주를 인수했다. 2조원이라는 자본금이 대우조선에 유입됐고 경영의 안정화를 가져올 수 있었다. 신주를 인수한 한화는 최대주주가 됐다.

HMM은 2021년과 2022년 호황의 덕분으로 상당한 현금을 보유하고 있다. 자본은 충분하다. 신주를 발행해 자본금을 다시 확충할 필요는 없다. 제대로 회사를 경영할 회사를 찾아야 하는데, 현재의 발행주식을 인수하는 형식이 될 것이고 이번 매각공고도 이렇게 됐다.

조선업과 해운업은 국제경쟁이 치열하고 모두 국가기간산업이라서 정부의 후견이 필요하다. 민영화를 하면서도 정부가 25~30% 정도의 지분을 가지고 있는 것이 유용하다. 대우조선 및 HMM의 매각도 이와 같은 조치가 취해져서 다행스럽다. 영구채는 회사가 어려울 때 큰 도움이 되지만 매각시에는 인수에 걸림돌이 되기도 한다는 점을 확인하게 된다.

제 2 장

바다 위의 테슬라, 자율운항선박으로 해양 경쟁력 강화*

주요 선진국들과 우리나라는 AI, 빅데이터, 전자식 프로그램, 첨단 통신기술 등을 활용하여 사람이 승선하지 않거나, 극히 소수의 인원만 승선하여 바다를 항해하는 자율운항선박(무인선박)의 상용화를 연구 중이다. 자율운항선박은 사람의 잘못으로 인한 해난사고를 줄여주고, 선원의 거주공간을 없애주어 화물을 보다 많이 적재할 수 있게 된다. 선원 부족을 해결할 수 있는 대안이 될 수 있다.

자율운항선박은 기술적으로 상용화가 가능하다. 그러나, 선박은 법적으로 사람이 승선하는 것을 전제로 한다. 법제도가 자율운항선박에 합치되도록 개선되지 않으면 선박은 항해할 수 없다. '무인'이라고 해도 바다를 항해하는 선박은 화물을 안전하게 이동시킬 수 있는 감항성을 확보해야 한다. 화물손상사고시 화주는 운송인으로부터 손해배상을 받아야 한다. 위험한 바다를 항해하는 만큼 운항

* 한국일보, 2023.8.16.

자도 손해배상책임에서 현행제도와 같이 보호받아야 한다. 선박법에 따른 등록을 해야 하고 선박안전법에 따른 적정한 부력과 복원성 등을 갖추어야 한다. 3단계에서 자율운항선박은 무인이지만 원격조종자가 육상에서 선박의 움직임을 조정할 수 있다. 과연 그의 법적 지위가 무엇인지 문제된다. 선장과 동일한 지위를 입법적으로 부여해야 한다.

해상에서 사고가 절대 일어나지 않음을 입증해야 선주들은 자율운항선박의 도입에 나설 것이다. 그래서 선박이 안전함을 시운전 등을 통해 증명해야 한다. 바다에서 다른 선박과 충돌하지 않고, 적정항로로 잘 운항하는지, 항구 안에 들어와서는 적정위치에 정박·부두에 잘 접안하고, 하역작업후 항구를 떠날 때까지 자율운항선박이 현재와 동일하게 기능한다는 점을 보여주어야 한다. 검증을 위해서는 일정한 해역에서 시운전이 가능해야 한다. 입법조치가 필요하다.

미국과 경쟁할 수 있는 해양강국을 노리는 중국의 경우, 지능선박규정을 2020년부터 시행 중이다. 지능선박의 정의, 항해, 원격제어, 승선인원, 장비 및 성능 등을 규정하고 있다. 중국은 이 법제도를 통해 관련 자율운항선박 산업의 성장을 발 빠르게 지원하고 있다. 우리 정부도 이 산업을 선도할 수 있도록 국회에 자율운항선박에 대한 법안을 제출하여 논의 중이다. “자율운항선박 개발 및 상용화 촉진에 관한 법률”에서는 자율운항선박의 정의, 운항에 대한 관계기관의 허가, 운항해역, 시운전 등에 대한 규정을 두고 있다. 그리고 선박직원법, 선박안전법에 대한 예외를 인정해주는 규정 등을 두어 자율운항선박이 원활히 항해할 수 있게 해준다.

2022년 11월 발의된 이 법은 아직까지 국회에서 논의를 끝내지 못했다. 자율운항선박이 상용화되면 재래선박은 자율운항선박으로 교체가 되어야 한다. 해운·조선강국인 우리나라는 자율운항선박

체제하에서 큰 국부의 창출을 가져올 수 있다. 태동기인 지금 기회를 놓치면 우리는 해운·조선 강국의 지위를 내려놓아야 될 수도 있다. 이 법이 조속히 시행되어 자율운항선박 산업을 우리가 선도하길 바란다.

제 3 장

부울경을 세계 최고 해양선박 금융도시로*

2030년 세계 엑스포를 부산에 유치하려던 일이 무산으로 돌아간 후에 윤석열 대통령은 부산항을 해양과 금융의 중심지로 만들어 서울과 부산 양대 축으로 국가 경제를 단단하게 하겠다고 천명했다. 부산을 해양 중심, 금융 중심 도시로 만들려는 의지는 더 강해졌음을 느꼈다. 해양수산인과 부울경 시민들에게는 더없이 좋은 기회다. 이런 기회를 살리려면 몇 가지 실천이 필요하다.

우선 신재생에너지 공급 사업에서 우위를 점해야 한다. 부산항은 지리적으로 유럽과 미주대륙 사이에 있어서 해상교통로의 중심지다. 현재 선박들은 원유에서 나오는 중유를 선박연료유로 사용한다. 그 공급 중심지는 싱가포르다. 늦게 출발한 부산항도 노력했지만 쉽지 않았다. 이제는 액화천연가스(LNG), 메탄올, 암모니아, 수소 등 신재생에너지를 사용해야 한다. 우리가 부울경에 신재생에너지 공급지를 확보한다면 많은 외국 선박들이 기항하여 벙커링을 하게 될

* 부산일보, 2024.1.1.

것이다. 항만 근처에 저장고와 접안시설을 건설·확보해두면 매년 수조 원의 매출이 생긴다.

둘째, 육상 도로에 자율운항자동차가 있듯이 5년 내에 바다에서도 자율운항선박이 나온다. 3단계 자율운항선박은 육상에 원격조종실을 두고 전문가들이 선박을 모니터링하고 원격으로 조종하게 된다. 육지의 원격조종실과 선박 사이는 인공위성으로 연결된다. 위성을 통한 통신이 필수불가결하다. 이제는 어느 나라 선박이든 세계 어디에 있든 부울경의 원격조종실에서 관리가 가능하다. 세계적인 대형 선박관리사들은 1,000여 척의 선박을 관리하면서 연간 약 2조원의 매출을 올려왔다. 세계 외항 선박 3분의 1은 우리나라에서 건조된다. 인공지능(AI), 프로그램 등을 우리 조선소에서 만든 채로 운항이 될 것이다. 선박 원격조종실을 통해 세계 대부분의 선박을 우리가 관리할 수 있다. 우리도 상업용 인공위성을 쏘아 올려 독자적인 인공위성을 가지고 운영해야 한다.

마지막으로 선박대여업 확대가 있다. 자신이 소유한 선박을 빌려줘서 임대료를 받는 것을 영업으로 한다. 일명 선주사들이다. 그리스가 대표적이다. 그리스에는 화물운송을 하는 해운회사는 거의 없다. 선박대여업자들이 약 5,000척을 소유하고 있다. 연간 20조원의 매출을 올린다고 한다. 일본에도 1,300척이 있다. 우리는 전업 선박임대업자가 미미하다. 대형 선박 1척에 1,000억원씩이지만, 통상 10%만 자기자본이 있어도 선박을 보유할 수 있다. 나머지 70%는 선박 자체를 담보로 돈을 빌릴 수 있다. 20%도 보증으로 보강하면 가능하다. 선주업을 하기에는 선박 가격의 90%에 대한 금융이 필요한 것이다. 부울경에는 선박을 운항할 선원, 선박 수리, 부품 모든 것이 원스톱으로 갖추어져 있다. 선주업을 하기에 적격이다. 300척의 선주사들이 연간 5조원의 매출을 20년간 올리면 100조원이 된다.

기존의 선박건조, 해운업, 물류업에 더하여 신규 사업으로 벙커

링, 선주업(5조원), 선박관리업(10조원)으로 세계로 나가자. 그렇게 해서 부울경에 연간 20조원 이상의 추가 매출을 더 올리게 하자. 이 밖에도 심해 스마트 양식, 해상풍력발전, 액화이산화탄소(LCO2) 운반선과 같이 해양과 금융이 같이 가야 할 곳이 많다. 위기를 기회로 삼아 부산항을 세계 최고의 해운항만 및 선박금융도시로 만들자. 이 기회를 놓치지 말자.

제 4 장

미국이 제공하는 조선해운의 새 먹거리*

우리나라 조선업은 현재 3년 치 일감을 확보하고 있을 정도로 경기가 좋다. 그러나 중국의 추격을 감안하면 조선업에서도 더 먼 미래를 위한 사업 다각화가 필수다.

새로운 먹거리 중 하나가 함정의 수리・유지・보수(MRO) 사업이다. 작년부터 한화오션은 본격적으로 이 사업을 수주하기 시작했다. MRO 사업은 전세계 시장을 보았을 때 한국 조선 산업의 미래 먹거리가 된다. 다만 군사용 함정은 기밀이 있으므로 우리 기업의 진출에 한계가 있을 수 있다.

해답은 다른 곳에서도 찾을 수 있다. 미국은 중국과의 관계에서 수적으로 열세인 군함 제작에도 관심이 많다. MRO 사업에서 우리의 기술력과 가격 경쟁력을 보여주면서 군함 건조의 전체 혹은 일부를 우리나라에서 하도록 미국을 설득해야 한다. 군함은 미국 내에서 건조해야 한다는 미국 국내법(존스법)이 있다. 그러나 스페인

* 매일경제, 2025.1.20.

에서 이미 미국 군함이 건조된 예가 있으므로 예외 규정을 이용해 그 장벽을 넘어야 한다.

미국은 나아가 위축된 상선대까지 늘리려고 한다. 최근 미국은 장차 10년 동안 '전략상선대'를 250척까지 증가시키려 법안을 발표했다. 전략상선대는 평시에는 외국 무역에 활용되다가 전시에 동원되는 선박이다. 미국에서 건조되는 선박뿐만 아니라 미국 국적 선박으로의 교체를 조건으로 외국에서 건조되고 운항되는 임시 선박도 포함된다. 미국은 대형 상선의 건조 능력이 떨어지므로 해외에서 건조되거나 이미 건조된 선박을 활용할 것으로 보인다. 우리 조선소가 건조할 기회가 생기는 것이다. 예정된 250척 중 40%인 100척을 우리가 수주한다면 약 20조원의 매출을 올릴 수 있다.

전략상선대를 운영하는 미국의 운송인은 외국 선박을 빌려 미국 선원을 태워서 운항하는 것이 가능하다. 우리 해운회사는 소유한 선박을 빌려주고 임대료 수입을 올릴 수 있고, 미국에 현지 법인을 만들어 운송인으로 진출할 수도 있다. 존스법에서 미국의 내항을 항해하는 선박은 미국 내 조선소에서 건조해야 한다는 제한이 있다. 한국 조선소에서도 건조할 수 있게 존스법 개정이 필요하다는 미국 전문가의 견해를 전하는 보도가 있었다. 그런데 현행 법제도 아래에서도 기회가 있다.

첫째, 한화오션의 자회사인 필리 조선소에서 내항 상선과 함정을 건조해 수익을 올릴 수 있다. 둘째, 존스법의 적용 제외 부분에 우리가 진출해 수익을 창출할 수 있다. 선박의 건조는 설계, 블록 제작, 용접, 그리고 기자재의 배치와 조립 등 여러 단계를 거친다. 내항 선박의 설계를 우리 업체가 제공하는 것은 존스법에서도 허용된다. 대우조선해양 등이 이미 미국 내항 선박의 설계도를 제공하는 사업을 수행한 바 있다. 또한 블록을 외국에서 만들어 오는 것은 존스법의 적용 대상이 아니다. 항해장비, 엔진 등 선박을 위한 기자재는 외국에서 수입해 조립해도 존스법 위반이 아니다. 선박 관리도 마찬가지다.

미국 새 정부 출범과 함께 조선업과 해운업에서 우리나라에 큰 기회가 제공될 것으로 보인다. 함정의 유지·보수 시각에서 벗어나면 더 큰 미국 시장이 우리에게 열려 있다는 것을 확인할 수 있다. 준비하는 자에게 기회가 주어진다.

제 5 장

2025년 해운 · 조선산업의 기회와 도전*

개인이나 조직은 목표를 세워 앞으로 나아간다. 그 과정에서 예측 가능성이 중요한 역할을 한다. 2025년은 불확실성 속에서 시작됐다. 정치 · 경제적으로 불안정성이 커지고 있는 가운데 트럼프 정부는 미국 우선주의를 추진하고 있다. 코로나19 팬데믹을 겪으면서 각국은 자국 내 혹은 자국 근처에서 제품을 생산하려는 경향이 강해졌고, 이로 인해 국제무역은 줄어들었다. 각국의 수출이 줄어들면 선박을 통한 운송 수요도 감소하고 이는 결국 선박 건조 수요의 감소로 이어지게 된다.

하지만 우리나라 해운과 조선업은 상황이 다르다. 상품의 수요와 공급 외적 요소들이 우리를 도와준다. 조선업은 LNG 혹은 메탄올 추진선 건조와 같은 탈탄소화 관련 신조선 수요가 발생하면서 3년치 건조량을 확보했다. 또한 자율운항선박이라는 미래의 새로운 분야도 있어 조선업은 호황을 맞이하고 있다. 미국이 해양력 강화를

---

* 부산일보, 2025.1.27.

위한 정책을 지난해 추진키로 하면서 우리 조선소는 미국 군함의 수리보수와 건조를 맡을 기회를 얻게 됐다. 지난해 12월 미국 의회는 미국 내 조선소를 부활시키고 미국 소유 상선대를 보강하는 법안(조선해운 인프라법)을 제출했다. 미국은 향후 10년간 전략상선대를 250척까지 늘릴 계획이라고 한다.

전략상선대는 평시에는 상업적 목적으로 활용되다가 전시에는 물자 수송에 동원되는 선박을 말한다. 미국 선주들이 이 선박들을 전략상선대에 편입하려면, 미국에서 건조되고 미국 선원이 승선해야 한다. 그러나 현재 미국 조선소는 상선 건조 능력이 부족해 외국에서 건조한 선박도 임시 선박으로 인정하기로 했다. 이는 우리 조선소에 기회다. 특히 중국에서 건조된 선박은 제외되기에 실질적으로 일본과 우리나라만이 경쟁을 하게 된다. 100여 척의 건조 수요가 기다리고 있는데, 척당 건조가를 2,000억원으로 보면 총 20조원의 매출이 예상된다. 올해부터 수주가 시작될 전망이다. 다양한 선종과 크기의 선박이 필요할 것으로 예상돼 부산, 울산, 경남 지역 대형 및 중형 조선소와 기자재 업체들이 수혜를 입을 것으로 보인다.

2024년에는 수에즈 운하가 막혀 선박들이 남아프리카로 우회해야 했고, 이로 인해 선박 수요가 약 15% 증가하며 공급 부족 현상이 발생해 운임이 크게 상승했다. 그러나 올해는 이스라엘과 하마스 간 휴전이 성사되면서 후티반군의 상선 공격이 중단될 것으로 예상된다. 우회하던 선박들이 다시 수에즈 운하를 이용하게 돼 유럽으로 가는 항해 거리가 단축되고, 상품 수요에 비해 선박 공급이 많아져 운임은 급락할 것으로 전망된다. 이로 인해 정기선사들 간 치열한 경쟁이 벌어질 것이며, 경쟁력이 없는 회사들은 도산 위험에 직면할 수 있다.

따라서 화주와의 장기계약 체결을 통해 안정적인 화주를 확보하는 것이 중요하며, 적자를 견딜 수 있는 재력도 필요하다. 다행히 우리나라 외항 해운선사들은 탄탄한 재무구조를 갖추고 있으며 코로나19와 홍해 사태를 겪으면서 운임이 상승하고 수익이 증가했다. 해운사들은 한 척당 70~90%까지 대출을 받아 선박을 건조해 왔고, 벌어들인 현금으로 부채를 많이 갚아 재무구조가 튼튼해졌다. 특히 국내 최대 컨테이너 선사인 HMM은 비축된 유보금으로 불경기를 견딜 수 있는 상태여서 안심이 된다. 게다가 미국의 전략상선대는 임시선박을 허용하기 때문에 우리 선주들이 미국의 선주들에게 선박을 빌려주거나 매각할 수 있다. 250척 중 상당 부분이 이런 형태일 것이다. 중국 회사가 소유하거나 운항한 선박은 제외되므로 우리 선주들에게 더 많은 기회가 주어질 것이다.

선박 운항에는 선원들이 필수적이다. 하지만 인구 감소와 선원직 기피 현상으로 선원을 구하기가 어려운 상황이다. 우리나라는 우수한 해기사를 국가에서 양성하는 시스템이 잘 정착돼 있다. 미국은 전략상선대를 갖추기 위해 선원이 필요함을 인식했다. 이번 법률 개정의 3분의 1은 선박에서 근무할 해기사를 양성하는 내용일 정도로 인력 양성을 중요하게 다룬다. 늦은 감은 있지만, 미국은 연방상선대학(한국해양대 해사대학에 해당)과 4곳 주립해양대의 학생 수를 늘리고 7년 이상 미국 선박에 근무하는 선원에게는 연방정부에 경쟁 없이 취업할 수 있는 자격을 부여한다. 이를 위해 독자적인 예산도 마련했다. 한국해양대와 목포해양대는 통합을 추진해 '글로컬 30'에 선정되기 위해 노력하고 있다. 이번 미국의 조치가 이 과정에 큰 도움이 될 것으로 보인다. 불확실성을 그 특징으로 하는 2025년, 조선과 해운은 긍정적 요소를 가지고 출발한다. 조선과 해운 강국이었던 미국이 현재의 열악한 상태를 회복하기 위해 입법 조치를 취하고 있다. 해운과 조선산업은 국가 기간산업으로 선박 건조 능력, 해운회사 및 선원의 육성이 그 어느 때보다 중요한 시점임을 우리에게 일깨워준다.

제 6 장

미국발 변화와 한국 해운조선업계 대응*

미국은 무역적자 해소와 해양에서의 중국 견제를 위해 자국우선주의에 기반한 조선 및 해운 분야 법·제도에 대대적인 변화를 추진하고 있다. 미국 조선업의 부활을 추진하는 과정에서 한국 조선소의 협력을 구한다는 점이 큰 정책 변화다. 중국의 해군력에 대응하기 위해 군함과 전략물자 수송선이 많이 건조되어야 하는데, 이 과정에서 한국 조선소의 역할이 필요하다는 것이다. 해군력 강화를 위해서는 전략 물자를 운송할 선박 확보가 필수적이다. 현재 80척에 불과한 전략물자 수송선을 250척까지 확대하겠다는 것이 핵심이다. 일반적으로 전략 수송선은 자국에서 건조되고, 자국의 깃발을 달며, 자국 선원이 승선하고 자국 회사가 운항하는 것이 원칙이다. 그러나 당장 자국 내 건조 능력이 부족하기 때문에 한국이나 일본 등에서 건조한 선박도 전략 상선대에 들어갈 수 있도록 했다. 이에 우리 조선업과 해운업에도 기회가 주어진 셈이다.

---

* 부산일보, 2025.4.21.

우리나라 3대 대형 조선소는 이미 2027년까지 건조할 선박으로 독이 꽉 차 있어 당장 미국의 선박 주문을 받아줄 여유가 없다. 그런데 미국이 원하는 선박은 선종과 크기 면에서 매우 다양하다. 그렇기 때문에 우리나라 중소형 조선소에 기회가 주어진다. 부산에 있는 중형 조선소인 대선조선은 얼마 전 카페리 선박을 성공적으로 건조해 인도한 바 있다. 그런데 중소형 조선소는 선수금환급보증서(RG) 발급을 받지 못해 어려움에 처해 있다. 조선소에 건조가 가능한 철판을 사 오도록 선주가 제공하는 선수금을 확실하게 되돌려주겠다는 약속이 적힌 보증장이 RG이다. 조선소가 이를 은행으로부터 발급받지 못하면 선주는 건조 계약에 서명하지 않는다. RG만 발급받을 수 있다면 많은 수주를 할 수 있고 건조를 통해 수익을 올릴 수 있다.

전략 상선대에 편입될 170척 중 상당수는 미국이 해외에서 직접 매입하거나 연불 방식으로 확보할 것이다. 이 과정에서 선주 사업이 발달한 일본과 그리스의 선주들은 큰 기회가 될 것으로 전망된다. 이들 선주사는 싼 가격으로 건조된 선박을 많이 보유해 미국에 유리한 조건으로 선박을 매각할 수 있는 여건을 갖추고 있다. 반면 우리나라는 선박만 소유하고 있는 회사가 거의 없어 기존 보유 선박을 미국에 매각할 기회를 얻기 어려울 것으로 전망된다. 그간 우리 선사는 소유와 운항을 병행해 선박을 보유해 왔고, 선박 건조 가격이 낮은 해운 불경기 때 은행으로부터 건조 자금을 빌릴 수 없었기 때문에 저가의 선박을 확보하기 힘들었다. 이러한 점에서 그동안 민간 선주사를 체계적으로 육성하지 못한 아쉬움이 남는다.

이렇게 중소형 선사에 대한 RG 발급 문제와 선주사 육성이라는 큰 이슈가 미국이라는 외생변수에 의해 다시 한번 크게 부각되고 있는 것이다. 이에 중형 조선소를 더 튼튼하게 해 다양한 선종의 선박 수주를 받아 수요를 만족시켜 주어야 한다. 진정으로 조선 강국이라면 모든 선종의 선박을 차별 없이 건조할 수 있어야 한다. 최근 선가 경쟁력에서 뒤처진 우리나라는 벌커 선박과 같은 재래 선박 건조는 하지 않고 있다. 우리 선사들은 오히려 중국에 가서 벌커 선박을 건조하고 그곳에서 수리하는 형국이다. 이를 해결하기 위해서는 산업은행을 중심으로 은행권이 모여 RG 문제를 풀어 주어야 한다. RG 구상을 당해 손해를 입은 은행을 구제하는 방안도 필요하다.

일본은 대형 조선소가 선박을 소유하고 불경기 때 조선소에 선박을 발주하는 기능도 한다. 일본 선주사는 1%대의 낮은 이자율로 선박을 건조한다. 우리나라는 5%대의 높은 이자율로 선박을 건조해야 한다. 용선주들이 우리보다 일본 선주의 선박을 선호할 수밖에 없는 이유다. 세계 시장이 개방돼 있는 만큼, 일본 선주사와 우리나라 선주사는 경쟁하게 된다. 이자율 4% 차이는 엄청나게 크다. 이에 특별법 등을 통해 선박 건조 시 대출금의 이자율을 낮춰주는 금융지원 정책이 필요하다. 다행히 코로나19 시기를 거치면서 대형 회사들의 재무구조가 많이 개선됐다. 과거보다 은행 차입금 의존도가 낮은 지금이야말로 민간 선주사들이 신규 선박을 발주할 수 있는 적기다. 선가가 조금 더 떨어지면 신조 발주를 넣어서 경쟁력 있는 선박을 보유하고 있어야 한다. 300척 규모의 선주사는 연간 약 5조원의 매출을 일으킨다. 부울경으로서는 큰 매출이다.

이처럼 도널드 트럼프 미국 대통령이 바다에서 큰 변화를 불러올 때 우리도 이를 적극적으로 활용해 국익을 챙겨야 한다. 전문가들은 미국에서의 조선소 경영이 수익을 내기 어려운 구조라는 데 의견을 같이한다. 따라서 우리에게는 '중소형 조선소의 RG 발급', '한국형 선주사의 육성'이라는 간접적인 방식에서 새로운 기회가 열릴 수 있다. 마침, 이 두 가지는 오랫동안 한국 조선과 해운 산업의 숙제이기도 하다. 지금이야말로 그 숙제를 풀어낼 적기다.

제 4 부

수 산

1. 복원성과 흘수선제도 확립해 어선사고 방지해야 / (쉬핑가제트, 2024.6.17.)
2. 어선 전복 사고 원인은 '복원성': 길이 12m 이상은 승인제로 바꿔야 / (조선일보, 2025.2.19.)
3. 우리에 허용된 참치 쿼터, 국제기구에서 조속히 처리하자 / (매일신문, 2025.7.24.)

제 1 장

복원성과 흘수선제도 확립해 어선사고 방지해야*

지난 2월 남해에서 <해진>호 등 10건에 가까운 어선들이 전복 혹은 침몰되는 안타까운 일이 일어났다. 아직 정확한 사고 원인이 나오지는 않았다. 그러나 복원성 부족과 과적이 원인일 것으로 전문가들은 보고 있다.

그 뒤로는 잠잠하다. 잠잠하다고 해서 사고의 원인이 사라진 것은 아니다. 복원성이 나쁜 상태나 과적의 상태라고 해도 바다 사정이 좋다면 선박은 사고 없이 항해가 가능하다. 사고의 원인은 잠복된 상태로 있을 것이다. 강한 바람이 불거나 파도가 높아서 항해 조건이 나빠지면 다시 전복과 침몰 사고로 이어지게 된다.

복원성이 좋은 상태로 항해한다면 전복 사고는 나지 않는다. 복원성이란 선박이 한쪽으로 기울어졌을 때 제자리로 돌아오는 힘이다. 오뚝이의 원리다.

---

* 쉬핑가제트, 2024.6.17.

어릴 적 동네 어른들이 가마니에 모래를 넣어 어선 기관실에 넣는 걸 보았다. 배의 아래에 있는 기관실에 모래를 둬서 무게 중심이 아래에 위치하도록 한 조치였다. 이른바 복원성 강화책이다. 다음 날 배가 너무 흔들려서 견디기가 힘들다는 선원들의 호소를 들었다.

복원성이 좋으면 경사진 배가 제자리로 돌아오는 시간이 빨라진다. 그만큼 선원들의 생활도 불편해진다. 반면 복원성이 나쁜 배는 아주 천천히 제자리로 돌아오므로 배 생활은 편하지만 아주 위험한 상태인 것이다.

복원성은 설계 단계부터 봐야 한다. 배가 물 아래로 충분히 잠기도록 설계가 돼야 무게 중심이 아래에 놓이게 된다. 극단적으로 물 밑에 잠기는 부분이 적은 선박이 목포 지방을 다니는 차도선이다. 차가 들어갈 때 중앙을 조금이라도 맞추지 못하고 기울어지면 전복될 위험이 있다. 그래서 이들 선박은 날씨가 나쁘면 아예 출항을 하지 못한다는 전제하에 운항되고 있다.

같은 부피의 선박을 건조하면서 길이를 늘리고 폭을 좁히면 복원성이 나빠진다. 반대로 길이를 줄이고 폭을 넓히면 복원성이 좋아진다.

동해안 어장을 다니는 선박들은 작업 목적에 맞춰 폭이 아주 넓게 설계돼 전복 위험이 거의 없다. 20t 내외의 어선들을 보면 길이는 길고 폭은 좁고 물 밑에 잠기는 부분은 얕은 모습을 보게 된다. 빠른 속력을 얻기에 좋다. 그러나 복원성에 초점을 두고 다시 한번 설계를 살펴볼 필요가 있다. 폭이 넓어지면 선박의 속도가 잘 나지 않는 단점은 있다.

그렇지만 안전이 최우선이다. 어선 설계를 어떻게 할 것인지는 해양수산부가 관리하고 확인해줄 사항이다. 24m 이상의 선박에만 복원성 검사를 해왔던바 12m 이상으로 확대해서 복원성 검사를 받도록 해야 안전이 확보될 것이다.

어선은 어창(선창, 선박의 고기를 넣는 창고)이 있고 갑판이 있다. 잡은 어획물은 어창에 넣는 것이 원칙이다. 그래야 안전하다. 어창은 선박 아래에 있으므로 여기에 어획물을 넣으면 복원성도 좋아진다. 흔들려도 배에 영향을 주지 않는다.

급하다고 갑판 위에 어획물을 그대로 두는 경우도 있다. 이는 복원성을 약화시킨다. 갑판 위에 그물이나 통발 등을 많이 실어도 복원성이 나빠진다. <청보>호의 경우 통발을 갑판 위에 너무 많이 실은 것이 복원성을 나쁘게 해서 전복 사고가 난 것으로 알려진다.

침몰은 그 선박이 실을 수 있는 무게보다 더 많은 짐을 실어서 부력을 상실해 가라앉는 것이다. 선박은 위에서 내리누르는 중력과 위로 떠오르게 하는 부력이 일치하는 지점에서 물에 뜬다. 그런데, 어획을 많이 해서 계속 싣게 되면 중력이 더 많아져서 선박은 침몰하게 된다. 언제 그 지점이 되는지 현장에서 선장은 알고 있어야 한다. 그 기준점은 흘수선이다.

선박이 짐을 싣게 되면 가라앉게 된다. 흘수선은 선박의 표면에 아래에서부터 1m, 1m 20cm 등으로 표시를 해둔 것이다. 선박이 최대치까지 물에 가라앉을 수 있는 지점은 만재흘수선으로 표시된다. 상선에는 흘수선이 표시돼 있어서 이 흘수선을 보고 얼마나 화물을 더 실을 수 있는지 확인한다. 만재흘수선을 넘으면 출항이 금지된다.

어선의 운용도 이와 같이 해야 한다. 우리 어선이 허용된 양보다 더 많이 어획물을 싣게 되면 배는 침몰하므로 어느 지점에서 멈춰야 한다. 이 점을 특정 어선의 선주와 선장 그리고 선원들이 숙지하고 꼭 지켜야 한다. 어획물을 자신의 선박에 실으면서 멈춰야 할 지점에 도달하면 행동에 옮겨야 한다. 그 표지는 흘수선이다.

다만 흘수선은 선박의 바깥에 표시되므로 선장이 보기가 어렵다.

파도에 울렁이므로 정확한 수치를 읽기도 어렵다. IT 기술로 이를 개발해서 쉽게 알려 주면 좋을 것이다. 소형 어선은 흘수선이 아예 그려져 있지 않은 경우도 있다. 이들도 흘수선을 그려 넣도록 해야 한다.

복원성 부족으로 인한 전복사고는 상선에서도 지속적으로 발생한다. 다만 침몰 사고는 상선에서는 거의 찾아보기 어려운 사고다. 흘수 제도가 워낙 잘 갖춰져 있는 데다 누구나 선박의 만재흘수선보다 더 실으면 침몰 사고가 난다는 걸 알고 있기 때문이다.

위와 같은 복원성과 흘수 제도를 정책에 반영해 어선을 설계하고 어선원들이 운용하도록 하는 것이 근본적인 사고 방지 대책이다. 복원성과 흘수의 의미를 현장의 어선 선장이 잘 숙지하고 체화하도록 교육시키는 것도 대단히 중요한 일이다.

우리나라는 6만여 척의 어선에서 일하는 선원들을 위한 교육제도가 마련돼 있지 않다. 5t 이하 선박은 면허가 없어도 운항이 가능하다. 소형 선박 운전면허 제도의 확립으로 어선원들이 면허 취득 교육을 받는 등 개선이 됐지만, 아직도 교육은 미흡하다. 해양수산연수원 등에서 모두 수요를 처리하기도 어렵다.

97개 전국 단위수협 중 거점수협을 선정해 여름과 겨울에 어선 선장을 한데 모아 안전에 대한 직무교육을 시키자. 선장, 심판변론인 등 전문가를 재능 기부 형식으로 강사로 모시면 될 것이다. 어선의 설계와 건조 그리고 운항, 교육에 이르기까지 주무관청인 해양수산부 수협중앙회와 어선 선주들은 재점검을 해야 한다. 재빠르게 실행에 옮겨서 복원성과 흘수선을 지키지 못해 일어나는 사고가 다시는 반복되지 않도록 해야 한다.

제 2 장

어선 전복 사고 원인은 '복원성': 길이 12m 이상은 승인제로 바꿔야*

어선 사고가 줄을 잇고 있다. 2024년의 반복이다. 지난해는 평소보다 더 많은 사고로 사람들이 사망했다. 2023년 78명에서 2024년 119명으로 52%나 늘어났다. 대부분의 사고는 전복과 침몰로 인한 것이다. 기후변화에 따른 바다 사정이 나쁨에도 무리하게 먼 곳까지 출어해 사고가 발생한 것이라는 설명도 있다. 통계 자료에 의하면 예년에 비해 기상이 나쁜 것은 맞지만, 근본적인 전복 사고의 원인은 복원성 부족에 있다. 바람이 많이 불고 파도가 높아진다고 모두 배가 전복되는 것은 아니다. 원양을 항해하는 요트는 태풍에도 전복되지 않고 제자리로 돌아온다. 이것은 요트의 아랫부분에 무게를 달아서 복원성을 극대화했기 때문이다.

적절한 복원성만 갖춰졌다면 선박은 나쁜 날씨에도 옆으로 기울었다가도 제자리로 돌아온다. 따라서 침몰 사고는 없었어야 한다.

* 조선일보, 2025.2.19.

과거보다 바다 사정이 나빠져서 전복 사고가 잦다면 충분한 복원성을 갖추지 못하게 어선이 설계됐거나, 잘 설계됐지만 항해 중 복원성이 훼손됐기 때문이라고 봐야 한다. 무게 중심보다 높은 곳에 무게를 두면 복원성이 나빠진다. 어획물이나 어구를 갑판 위에 많이 두게 되면 이런 현상이 발생한다. 동일한 부피의 물건을 싣도록 설계할 때 배의 길이를 길게 하고 폭을 좁게 하거나 혹은 길이는 짧게 하면서도 폭을 넓게 하는 방법이 있다. 후자가 복원성이 더 좋다. 설계 단계에서부터 이런 내용이 반영돼야 한다.

어선법에 의하면 24m 이상 선박만 복원성 승인을 정부로부터 받는다. 24m 미만인 선박은 복원성 승인에서 제외돼 있다. 건조 시 조선소에서 복원성 없는 선박을 건조하지는 않겠지만, 승인을 받는 경우보다 느슨하게 관리되고 있다고 봐야 한다. 안전보다 중요한 것은 없다. 최소 12m 이상의 선박은 복원성 승인을 받도록 해 안전을 확보해야 한다. 24m 이상의 선박만 만재흘수선을 표시하도록 한 것도 수정돼야 한다. 만재흘수선은 선박이 최대한 실을 수 있는 무게가 얼마인지 알려준다. 마찬가지로 작은 선박도 만재흘수선을 표시하도록 해야 한다. 소형 조선소에서 어선 건조가 무분별하게 이뤄졌던 문제는 다행히 지난해 12월부터 어선 건조 등록제가 실시돼, 건조할 때부터 관리를 철저히 하도록 했다.

복원성에 대해 선원들이 숙지하도록 교육도 시켜야 한다. 자신의 선박은 복원성이 얼마인데 복원성이 나빠지면 전복된다는 점 등을 교육하고 체화시켜야 한다. 어선의 경우 1개월 이상 교육하는 상설 교육 기관이 없는데, 속히 어선 학교를 만들어 교육해야 한다. 임시 조치로 각 단위 수협에서 집체 교육과 실습을 하는 것이다. 여름과 겨울에 선원들을 모아 교육하는 것이다. 상선에서 사고가 드문 이유는 정식 교육 기관에서 제대로 교육받아 복원성의 중요성과 운용 방법을 알기 때문이다. 올해는 복원성 부족으로 인한 사고가 없도록 하자. 우선 복원성의 개념과 그 중요성을 선원들이 절감하는 데서부터 시작해야 한다.

제 3 장

우리에 허용된 참치 쿼터, 국제기구에서 조속히 처리하자

영덕하면 대게의 고장으로 알려져 있다. 이제는 참치의 고장으로 알려지게 되었다. 연일 언론에서 참치가 많이 잡힌 모습을 보여준다.

우리 국민들이 좋아하는 참치는 남방에서 나는 물고기이다. 우리나라는 남해에서 났지 경북동해안으로까지 참치가 올라오지 않았었다. 지구온난화의 영향으로 수온이 높아지면서 참치가 북상하는 것이다. 참치는 보호어족이 되어 2015년부터 국제적으로 보호된다. 국제기구에서 쿼터를 정해서 일정한 수만큼만 사람들이 잡도록 한다. 우리나라에도 쿼터가 배정된다. 이렇게 국제기구에서 배정된 쿼터를 해양수산부에서 시도와 군에 나누어준다. 이렇게 나누어준 쿼터량이 초과되면 더 이상 잡을 수가 없다.

선망과 같은 경우는 어민들의 의지대로 참치를 잡을 수도 있고 잡지 않을 수도 있다. 문제가 되는 동해안의 정치망은 미리 만들어 둔 고기잡는 그물 안에 참치가 스스로 와서 들어가서 잡히게 된다.

어민들은 그냥 참치를 건져올리는 일만 한다. 어민들의 의지와 관계없이 참치가 그물에 들어온다. 이것도 쿼터의 적용을 받는다. 쿼터량이 초과가 되었다면 시판으로 가져올 수 없고 버려야 한다. 시판을 하면 형사처벌이 된다. 시판을 위해서는 급살시켜서 피를 빼고 영하 60도 이하에서 급속냉동을 시킨 다음에야 가능하다는 조건도 동해안의 정치망어장은 지킬 수가 없다.

2021년과 2022년에 이미 동일한 일이 벌어졌다(필자, 2022.8.12. 본보. “국제기구 한국의 쿼터 늘려야”). 동해안 영덕과 울진에 참치가 많이 나기 시작했다. 이에 어민들이 국회에까지 가서 쿼터를 늘려 달라고 요구했다. 정부로서 할 수 있는 일은 우리나라에 배당된 쿼터 중에서 선망 등에 배정된 것을 동해안 정치망으로 이동시켜 주는 것이었다. 우리나라에 배당된 쿼터 자체가 적기 때문에 근본적인 해결책이 되지 않는다.

이에 영덕군과 경북도는 실제로 영덕지방에 잡히는 참치의 개수를 전수조사를 하여 이를 자료로 만들어 정부에 보고하고, 정부가 이를 바탕으로 국제기구(중서부태평양 수산위원회)에서 한국의 사정을 설명해주어 그 결과로 우리나라가 쿼터를 더 배당받기를 원했다.

2022년 우리나라는 870톤(부산의 선망 713톤)을 배당받았다(일본 약 5천톤). 경북 74톤 중에서 영덕이 45톤이었다. 2025년 우리나라에 할당된 쿼터 1,219톤에서 경북은 110톤을 배정받았다. 영덕에 할당된 양은 36톤에 지나지 않는다. 최근 정부로부터 추가 배정되어 영덕군이 100톤을 사용할 수 있다니 다행이다(경북은 260톤 사용 가능).

다행히도 2023년과 2024년에는 참치가 많이 나지 않았다. 2년의 기간이 있었음에도 불구하고 아직 참치쿼터와 판매의 문제가 완전히 해결되지 않았다. 이번에 잡힌 참치의 마리 수와 정치망어장의 한계를 잘 설명해서 더 많은 쿼터를 가져오고 정치망의 경우 예외

규정을 두어야 한다. 한 번에 100kg짜리가 1,100마리 잡혀 하루에 배당된 110톤을 모두 소모할 수도 있다. 우리나라에 수천 톤이 배당되어야 함을 알 수 있다.

수온이 상승하여 위도가 높은 곳에서 더 많은 참치가 잡히면 저위도에서는 적게 잡힐 것이다. 참치가 적게 잡히는 국가들이 자발적으로 쿼터를 줄이고자 하지 않을 것이다. 그러므로 우리나라가 더 철저하게 그런 자료도 구해야 할 것이다. 정치망은 수동적인 어법이므로 그물에 들어온 고기를 버리는 것은 능사가 아니다. 그러므로 쿼터제의 예외로 할 것을 제안한다. 그물에 들어서 쿼터를 초과한 것도 버릴 것이 아니라 정부가 사서 다른 방법으로 사용하는 방안을 국제기구에 제시하여 더 합리적으로 처리되도록 해야 한다. 이번에는 반드시 북상하는 참치의 쿼터와 초과분량의 처리 문제를 국제기구에서 반드시 처리하자. 기초자료를 현장의 동해안의 군과 어민들이 철저히 준비하여 우리가 할 일을 다하자.

제 5 부

기타 인터뷰 기사 등

1. 안식처 / ([매경춘추 1]: 매일경제, 2024.7.5.)
2. 바닷길 / ([매경춘추 2]: 매일경제, 2024.7.14.)
3. 다양한 크루즈 여행 / ([매경춘추 3]: 매일경제, 2024.7.22.)
4. 수에즈 · 파나마 운하 / ([매경춘추 4]: 매일경제, 2024.7.30.)
5. 수출 역군 컨테이너 / ([매경춘추 5]: 매일경제, 2024.8.7.)
6. 바다로 나가 국부 창출을 / ([매경춘추 6]: 매일경제, 2024.8.15.)
7. 바다와 예측가능성 / ([매경춘추 7]: 매일경제, 2024.8.23.)
8. 장보고 후예를 찾아서 / ([인터뷰 기사]: 내일신문, 2024.9.9.)

제 1 장

안식처*

태평양을 건너 미국으로 오가는 방법에는 두 가지가 있다. 하나는 지도에 있는 위도를 그대로 따라 항해하는 것이다. 북위 40도를 그대로 평행하게 간다. 다른 방법은 대권 항해를 하는 것이다. 지구의 중심을 지나 두 지점을 연결하면 지구상에 선이 그어지는데 이를 대권(great circle)이라고 한다. 알래스카를 지나는 길이 나온다. 대권항로를 이용하면 항해일수가 3일 정도 더 짧아진다. 여름에는 선박 대부분이 대권 항해를 한다. 하지만 겨울은 다르다. 저기압이 일본 근처에서 발생해 계속해서 알래스카 쪽으로 전진한다. 그래서 미국에서 태평양을 건너는 선장들에게는 이 저기압을 어떻게 피하는지가 큰 숙제다. 심한 저기압은 태풍과 같은 위력을 가진다.

배가 북태평양에서 큰 저기압을 만나게 되면 그 저기압을 뚫고 나아가기가 정말 어렵다. 그래서 선장들은 오히려 베링해의 섬과 캄차카반도에 있는 섬을 향해서 항해해 나간다. 베링해에 있는 섬

* [매경춘추 1]: 매일경제, 2024.7.5.

들의 뒤쪽에서 강한 바람과 파도를 피하고자 하는 의도다. 이 섬들이 속한 알류샨열도 남쪽은 북태평양이고, 그 북쪽은 베링해다. 애투섬 등은 굉장히 높기 때문에 북태평양에서 일어나는 파도와 바람을 모두 막아준다. 베링해와 러시아 수역으로 들어가서 그 큰 섬의 뒤쪽에 3마일 정도 되는 지점에서 안전하게 대기하는 것이다. 이것을 셸터링(sheltering)이라고 한다. 마치 어머니 배 속의 태아처럼 안전한 지역에서 기다리는 것이다. 그렇게 몇 시간을 버티고 나면 북태평양의 저기압이 지나간다. 바다가 잔잔한 상태가 되면 다시 우리 배는 태평양을 향해 고개를 빼꼼 내밀고 항해를 시작한다.

비가 오고 바람이 세차게 불면 30년도 더 지난 일들이 생각난다. 우리나라에서 미국으로 갈 때 너무나 잔잔해서 배경으로 사진을 찍었던 애투섬. 우리나라로 올 때는 바다가 뒤집어졌다. 우리는 애투섬의 뒤로 돌아가서 셸터링을 했다.

비빌 언덕이 있어야 한다는 속담이 우리나라에 있다. 바다에서 비빌 언덕이 바로 안식처다. 두렵고 무서운 바다에서 불쌍한 선박과 선원을 피난시켜줄 수 있는 어떤 수단이 있다면 정말 반갑고 안도가 되는 일이다. 그래서 숱한 고난을 겪으면서 선장들은 북태평양과 베링해를 지날 때 우리에게 안식처를 제공하는 섬들을 찾아냈고 활용해왔던 것이다. 그 전통은 지금도 이어지고 있다. 그래서 미국 서부를 떠난 선박은 오히려 섬 쪽으로 붙어서 항해하게 된다.

바다가 험한 상태가 될 때 우리 배가 피난할 수 있는 안식처가 있다는 것은 얼마나 위안이 되는 일인지 모른다. 그래서 출발할 때부터 베링해와 캄차카반도에 있는 어떤 섬을 목표점으로 염두에 두는 것이다. 최악의 경우 피할 수가 있는 준비가 된 상태로 출항하게 된다.

우리 인생도 마찬가지다. 인생을 살다 보면 정말 어려운 위기에 봉착하기도 한다. 그 상대방이 너무나 힘이 센 사람이라서 우리가 상대하기 어려운 지경일 때가 있다. 그러나 든든한 형님과 같은 사람이 뒤에서 지켜준다면 얼마나 좋겠는가? 사회를 살아감에 있어 어려움이 있을 때 육지에서도 가족, 직장 또는 동창회와 같은 공동체가 우리를 지켜주는 방패 노릇을 한다. 육지에서도 이러한 안식처가 있기에 우리가 삶을 살아갈 때 큰 안도가 된다. 바다에서 참 많은 것을 배운다. 안식처도 내가 바다에서 얻은 지혜 중 하나다.

제 2 장

바닷길*

바다에는 길이 없다고 한다. 그러나 길이 있다. 육지에서의 길은 모두 눈에 보이지만, 바다에서의 길은 보이지가 않는다. 해도에도 나타나지 않는다. 선장이 출항하기 전 선택하여 해도에 선을 그으면 자신의 배가 이번 항해에 다녀야 하는 길이 만들어진다. 그러므로 이 순간에도 바다에는 수많은 길이 만들어지고 있다. 다만, 항구 혹은 항구 근처에는 고정된 길이 있다. 선박의 통항이 많기 때문에 인위적으로 예외적으로 만들어 선박 충돌 사고를 줄이려는 목적이다.

북태평양의 바닷길은 크게 두 가지다. 항정선 항법이다. 북위 35도를 쭉 따라서 항해하는 길이다. 다음으로 대권항해가 있다. 가장 짧은 길을 이용하는 항해다. 지구의 중심과 두 지점을 지나도록 하면 지구상에 선이 그어진다. 그 선이 가장 짧은 거리인 대권이라는 것을 선장들이 알게 됐다. 알래스카 쪽으로 올라가서 미국 서부로 가는 길이다. 북위 35도에서 출발해 북위 60도까지 올라가게 된다.

* [매경춘추 2]: 매일경제, 2024.7.14.

항정선 항법보다 2~3일이 더 짧은 항해를 달성할 수 있다.

바닷길은 예상외 변수에 따라 상황이 변동한다. 태풍이 불면 바다 자체가 요동을 친다. 육지에서의 길은 그대로 온전히 존재하는 것과 큰 차이가 난다. 처음에 기획했던 항로에서 벗어나 사용하기로 했던 길의 위로 아래로 항해하기도 한다.

모든 바다를 마음대로 다 다닐 수 있는 것은 아니다. 아직도 다닐 수 없는 길이 바다에는 있다. 해도에 수심이 표시되지 않은 곳은 항해할 수 없다. 측량을 해보지 않았기 때문이다. 호주 북단에는 아직도 측량되지 않은 곳이 많다. 안심하고 다니는 바닷길은 수많은 시행착오를 거치고 시험된 다음에 채택된 것이다. 1492년 콜럼버스의 대항해시대 이래로 어느 항로가 안전하다는 평가를 받은 다음 입에서 입으로 전해져서 선장들이 그 길을 택하게 되면서 새롭고 안전한 바다의 길이 하나씩 열리게 된 것이다.

바다에도 지름길이 있다. 수에즈 운하가 좋은 예다. 사람들은 더 가깝고 안전한 길을 찾아 나섰다. 희망봉을 돌아서 아시아로 가는 것은 시간도 걸렸지만, 남아프리카공화국의 남단을 돌아 항해할 때 강한 바람과 높은 파도로 인해 목숨을 건 항해를 피하고자 했다. 수에즈 운하로 인해 시간이 단축되면서도 안전한 항해를 할 수 있다. 인류가 인위적으로 만든 지름길인 운하를 활용하는 길은 인류에게는 축복이다. 최근 후티반군이 항해하는 상선을 공격해 홍해와 수에즈 운하를 사용할 수 없는 지경이다. 긴 항해를 하면서 선박이 부족해서 물류대란이 다시 일어났다. 사람들은 또 다른 지름길인 북극 항로 개척에 나서고 있다.

육지에서 고속도로라는 길이 뚫리면서 경제 발전이 일어났다. 대항해시대 선장들에 의해 미지의 바닷길이 열렸다. 상품의 교역이 바닷길을 통해 이뤄지기 시작했다. 낙타를 이용한 운송보다 수천 배나 많은 물량의 이동이 선박을 통해서 가능해졌다. 세계화를 통해 각국은 자신들에게 유리한 상품을 수출하고 수입했다. 이 일은 바다의 길을 이용한 해운이 담당해왔다. 무역을 가능하게 하는 해운과 바닷길은 참으로 소중하다. 잘 지키고 보호해야겠다.

제 3 장

다양한 크루즈 여행*

사람들은 흔히 지중해, 카리브해, 알래스카의 호화스러운 크루즈 여행을 상상한다. 나의 버킷 리스트 1위에 올라 있는 것도 역시 해외 크루즈 여행이다. 그렇지만, 말처럼 쉽지 않다. 우선 직장인이 시간을 내기가 쉽지 않다. 비용도 만만치 않다. 그래서 인기가 있는 것이 그보다 가볍게 즐길 수 있는 전세 크루즈이다. 우리 여행사가 크루즈를 빌려서 운항을 하는 것이다. 일본의 서너 항구를 기항한다. 기간이 4~5일로 짧고 비용도 부담할 만하다. 동일한 대형 호화 크루즈선을 이용하고 기항하는 곳이 바로 우리나라 근처인 일본이고 먼 바다로 나가지 않으니까 안심이 된다. 그래서 인기가 높다.

카페리 여행도 가성비가 좋고 재미있다. 인천에서 칭다오 등으로 가는 위동항운 등의 한 · 중 간 카페리를 타고 즐기는 여행이다. 저녁에 떠나면 아침에 도착하는 형식이다. 출항하면서 낙조를 즐긴다. 저녁 식사를 마치면 공연을 본 다음, 같이 간 고향 친구 등 동료들

* [매경춘추 3]: 매일경제, 2024.7.22.

과 흥겨운 시간을 갖는다. 아침에 일어나면 중국에 도착하여 이국의 정취를 즐긴다. 여행을 할 때 같은 관광버스에 30명의 친구들이 같이 타고 이동한다. 오랜만에 묵혀둔 이야기로 꽃을 피운다. 보고 싶었던 친구들이 하루 종일 곁에 있다. 즐거운 여행이 된다. 이렇게 2박의 관광을 마친 다음 다시 카페리에 승선한다. 방방에 모여 이야기꽃을 피우면서 귀국길에 오른다.

부산에서 일본 오사카로 가는 팬스타의 카페리 여행도 유사하다. 일본의 세토 내해를 항해할 때 아기자기한 일본의 풍경을 볼 수 있다. 선장이라면 접근하는 선박과 충돌을 피하기 위해 긴장을 해야 한다. 지금의 나는 여객의 입장이라서 한껏 느긋하고 편안하다. 지난번 세토 내해를 여행하면서 앞서가는 선박을 추월하는 장면을 찍어 유튜브 동영상을 만들었다. 6,000회 조회될 정도로 인기가 있었다. 생생한 현장감이 돋보였기 때문이다. 크루즈 여행의 부산물이다.

이런 카페리를 이용한 여행이라도 3박4일은 필요하다. 이보다도 시간이 없거나 비용이 부담스럽다면 하룻밤을 여행하는 원나이트 크루즈도 있다. 동료들과 부산 앞바다를 순항하는 카페리 선박에서 바다를 즐길 수 있다. 저녁에 승선하여 동료들끼리 친목을 다지고 오전에 내리는 짧은 여행이다.

해외여행 시 비행기를 이용하는 것과 선박을 이용하는 것은 큰 차이가 있다. 우선 여행사가 손님을 대접하는 강도에서 차이가 난다. 항공기의 승무원은 여객이 내릴 때 인사를 하지 않는다. 여객선은 선장부터 전 선원이 도열해서 여객들에게 감사의 인사를 한다. 손님 입장에서는 흐뭇하다. 단체가 움직일 때 비행기로 가면 좌석이 정해져서 꼼짝을 못 한다. 그런데 선박을 이용하면 단체가 항상 곁에 같이 있고 자유롭게 이동하면서 대화할 수 있어 친밀도를 더 높일 수 있다.

나는 한중, 한일 카페리 3번에 원나이트 크루즈까지 1번을 해보았다. 이제는 여행사의 전세 크루즈에 도전한다. 그런 다음 알래스카 정통 크루즈를 할 것이다. 한 가지 꿈이 있다면 우리나라 선박회사가 크루즈선의 운항자로서 운송인인 대형 크루즈에 여객으로 승선하는 것이다. 안타깝게도 아직까지 우리 선사가 운송인인 대형 크루즈는 없다. 그래서 우리가 납부하는 대형 크루즈의 운임은 모두 외국 여객선사에 들어간다. 우리 선사가 대형 크루즈를 소유하고 운송인이 되어 진정한 크루즈 강국으로 거듭나자.

제 4 장

수에즈 · 파나마 운하*

1492년 콜럼버스가 미주 대륙을 발견하면서 대항해시대가 열렸고 미지의 세계가 하나씩 유럽인들에게 알려지기 시작했다. 아프리카 대륙, 미주 대륙, 인도, 아시아, 호주 순서로 전 지구가 수백 년에 걸쳐서 인류에게 알려졌다. 대항해시대 선장이 항해한 방법은 두 가지였다. 하나는 유럽에서 서쪽으로 항해해서 미주 대륙으로 가는 길이었다. 미주 대륙으로 내려가서 남미의 끝단을 돌아서 서쪽으로 가면 일본과 필리핀이 나왔다. 1492년 콜럼버스와 1522년 마젤란이 항해한 길이다. 다른 하나는 남쪽으로 내려가 희망봉을 돌아서 동쪽으로 항해하는 길이다. 1497년 바스쿠 다 가마, 1768년 캡틴 쿡 등 많은 선장들이 항해한 길이다.

이러한 항해는 바람에 의존했고 나무로 만든 배를 이용한 것이었기 때문에 시간도 많이 걸렸고 비바람에 취약했다. 항해는 죽음을 무릅쓴 모험이었다. 19세기에 들어와 과학이 발달하면서 사람들

* [매경춘추 4]: 매일경제, 2024.7.30.

은 안전한 지름길을 찾아나섰다. 지금의 파나마 운하와 수에즈 운하가 탄생했다. 1869년 개통된 수에즈 운하는 아프리카 남단의 희망봉을 돌아서 항해하는 선장들의 어려움을 감하게 해주었다. 1914년 완공된 파나마 운하는 미주 대륙의 남단인 케이프 혼(혼곶)을 돌아서 항해하던 선장들의 어려움을 덜어주었다.

이런 편리를 제공하며 국제 통항에 사용되는 운하가 몸살을 앓고 있다. 파나마 운하는 높은 지대에 있는 몇 개의 호수를 지나야 한다. 비가 오지 않으면 호수가 얕아지므로 통항할 수 있는 선박의 수가 적어진다. 깊이가 깊은 선박은 다닐 수가 없다. 매일 40여 척이 다니던 운하의 선박이 30척으로 줄었다. 이렇게 선박의 통항이 줄게 되면 물류 흐름을 방해해서 운임이 오르고 물가 상승을 가져온다.

한편 수에즈 운하는 후티반군의 미사일 공격으로 선박이 통항을 하지 못한다. 아시아에서 유럽으로 가는 회사는 매주 서비스를 위해서 12척의 선박을 투입해야 영업이 된다. 선박이 희망봉을 돌아서 유럽으로 가려면 항해 일수가 10일이 더 필요하다. 16척은 되어야 한다. 모든 회사들이 30% 정도 선박을 더 투입해야 한다. 선박 공급 부족 사태가 발생한다. 현재 일어나고 있는 물류대란의 원인이다. 나의 짐을 실어줄 선박을 구하기가 어렵고, 운송료도 5배가 오른 이상 현상을 경험해야 한다.

대항해시대 선배 선장들의 희생을 경험하면서 인류는 보다 안전한 항해 방법을 찾아냈고 운하가 개발되었다. 날씨가 나쁘기로 유명한 희망봉과 케이프 혼을 돌아서 항해하던 수많은 선배 선장의 고통과 죽음을 잊지 말아야 한다. 그런 희생에 기반해서 수에즈운하와 파나마 운하가 건설되었다. 이런 국제 항행에 사용되는 운하는 인류 공동의 것이고 항해에 지장을 초래해서는 아니된다. 안정된 물류의 보장을 위해서 인류가 지켜야 하는 것이다. 유엔 차원에서 조약을 만들어 인류가 지켜내야 한다. 국제 항해에 사용되는 운하는 개별 국가에 주권이 있지만, 전 국가가 운하를 공동의 자산으로 지켜내자는 합의를 하여, 항상 선박의 항해가 가능하도록 열려 있어야 한다. 선장 시절 5만t급 선박에 물을 싣고 투발루라는 작은 국가에 가라는 명령을 받은 적이 있다. 한국 조선소에서 특수하게 건조한 선박에 물을 싣고 가서 파나마 운하에 공급해주면 파나마 운하의 물 부족 현상을 해소할 수 있을 것이다. 수에즈 운하의 경우에도 안전 항해에 사용될 회랑을 만들어 연합국의 군함이 순차적으로 호위하여 상선을 안전하게 통과시키는 방법을 강구하자.

제 5 장

수출 역군 컨테이너*

컨테이너는 물건을 넣을 수 있는 사각형의 철판으로 된 구조물이다. 20피트짜리와 40피트짜리가 있다. 철판으로 된 박스이기 때문에 상품 파손의 염려, 도둑맞을 염려, 비바람을 맞을 염려 이런 걱정에서 수출자는 해방이 된다. 운송인 입장에서도 컨테이너가 규격화되어 일하기가 좋다. 들쭉날쭉한 상품을 일일이 손으로 크기를 맞추지 않아도 된다.

1960년대 손으로, 지게로 하던 하역 작업은 이제 기계로 올리고 내리는 장비로 대량 처리하게 되었다. 하역비는 대폭 줄어들었고 운임도 떨어졌다. 사람들의 후생은 올라갔다. 사람들은 이를 컨테이너 혁명이라고 부른다. 처음에는 민감한 상품만 컨테이너에 넣어서 수출입되다가 이제는 자동차, 액체화물, 냉동식품도 컨테이너에 넣어서 운송한다.

우리나라 수출입 상품의 99%는 선박을 통해 운송되고 그중에서

* [매경춘추 5]: 매일경제, 2024.8.7.

컨테이너 정기선을 이용하는 것이 25%가량 된다. 해상 운송인은 컨테이너 선박에 추가해서 컨테이너를 구비해야 한다. 상품을 담을 컨테이너는 운송인이 준비해서 수출자에게 제공하는 것이 통상이다. 운항하는 선박이 10만TEU의 용량이라면 15만TEU의 박스를 가지면 충분하다고 본다. 한꺼번에 10만개를 실은 선박이 모두 항구를 떠나고 다시 그 컨테이너를 가지고 오면 10만개로 족하지만, 수입자의 집까지 컨테이너를 배달해야 한다. 선박은 바로 출항하여 부산항으로 와야 한다. 미국에 남아 있는 컨테이너가 부산항에 돌아오기까지는 시간이 걸리는 것이다. 한국에서 미국으로 상품을 실은 10개의 컨테이너가 갔다면 상품을 싣고 돌아오는 것은 6개에 지나지 않는다. 이런 사정을 고려해서 자신의 선복 대비 1.5배의 컨테이너를 가지고 있어야 중단 없이 영업 가능하다.

자신이 보유한 컨테이너를 얼마나 효율적으로 회전시킬지 이것이 컨테이너 정기선사들의 경쟁력을 가르는 요소가 되었다. 1.5배로 되지 않는다면 더 많은 컨테이너를 구입해야 하므로 그만큼 비용이 들어 경쟁력이 떨어지는 것이다. 컨테이너는 몽골, 아마존까지 내륙 깊숙이 들어간다. 이를 어떻게 회수해 올지가 큰 문제다. 운송인이 자신의 컨테이너의 현재 위치를 파악하기도 쉽지 않다. 최근 4차 산업혁명의 이기인 사물인터넷(IoT)을 컨테이너에 달아서 컨테이너의 위치와 화물 상태를 알 수 있게 한다. 운송인은 항시 컨테이너 위치를 알 수 있어서 쉽게 회수가 가능하게 되었다.

이렇게 유익한 존재인 컨테이너지만 선원들은 컨테이너 선박에 승선하면 외국 항구에 오랫동안 머물 수 없다면서 아쉬워한다. 배가 항구에 정박하는 동안 외국을 두루 경험하는 것이 선원 생활의 낭만 중 하나다.

선원들은 하역 작업이 길어져서 선박이 항구에 머무는 일수가 길수록 좋다. 컨테이너 선박은 항구에 들어가도 하루 이내에 출항하므로 선원들은 잠시 육지를 경험할 뿐이다. 그래서 항구에 오래 머물고 여러 항구를 방문하는 잡화선을 좋아하는 선장도 있다.

수에즈 운하 통항이 막혀 선박들의 항해 일수가 길어졌다. 컨테이너가 제때에 한국으로 돌아오지 못해서 컨테이너 부족 사태가 일어나고 있다. 임대료가 4배나 올랐다. 그렇게 컨테이너가 부족하면 빨리 주문하여 만들면 될 것이다. 컨테이너 제작은 중국이 95%를 담당한다. 한때 우리나라가 최대 생산국이었다. 중국이 컨테이너를 만들어주지 않으면 결국 수출을 할 수 없다. 우리 수출이 외국의 손에 달려 있게 된다. 우리도 공적 개념을 도입하여 전체 수요의 10%는 우리나라에서 제작이 가능하도록 해 운송 주권을 지켜야 한다.

제 6 장

바다로 나가 국부 창출을*

암울했던 1920~1940년대에도 희망의 불씨를 꺼트리지 않고 바다로 나가 새로운 길을 개척했던 선각자들이 있었다.

영국에서 신성모, 중국에서 손원일, 일본에서 이시형, 윤상송, 우리나라에서 박옥규, 배순태 등이 상선학교에 들어가서 바다와 선박에 대해 배웠다. 새롭게 수립된 대한민국 정부는 국제적인 감각이 있는 전문가를 원했다. 외국을 오간 경험이 있는 사람을 찾기가 어려웠을 때였다. 바다로 나간 젊은이들은 바다와 선박에 대한 전문지식과 국제 감각을 익혔고, 그 전문성을 인정받아 국무총리서리, 해군참모총장, 한국해양대 학장, 도선사, 선장 등으로 크게 중용되어 대한민국의 해군과 해운산업의 발전에 크게 기여했다.

해운업은 수출입 상품을 실어 날라주고 대가로 운임을 얻는 사업이다. 연간 50조원의 운임수입을 얻는다. 해운업의 매력은 제3국간 운송에 있다. 호주와 일본 사이에 이동되는 화물의 운송을 우리

* [매경춘추 6]: 매일경제, 2024.8.15.

해운사가 제공하면서 수익을 올린다. 한진해운은 3국 간 컨테이너 운송을 위해서 스페인의 지브롤터에 부두를 건설하고 이탈리아에서 아프리카로 가는 컨테이너 화물을 실어 날랐다. 우리 해운기업의 연간 매출의 2분의 1은 3국 간 운송에서 발생한다.

바다를 항해하는 선박을 건조하는 조선업은 세계 1위를 달성했다. 세계에서 건조되는 선박의 30%는 우리 조선소가 건조한다. 연간 40조원의 매출을 올렸다. 무엇보다 전후방 고용효과가 크다. 가족까지 합치면 30만명의 생계를 책임진다. 효자산업이다.

연간 어획량이 100만t 이하로 떨어지면서 잡는 어업에서 기르는 어업으로 변화했다. 양식사업이 이제는 육지로 올라와서 이루어지고 있다. 대규모 연어 양식이 성공하여 수출하게 되었다. 김의 수출액이 1조원에 육박할 정도로 바다 가공식품의 수출도 큰 몫을 차지하게 되었다.

바다는 꾸준하게 새로운 산업이 등장하는 샘물과 같은 곳이다. 탈탄소화를 달성하기 위해 선박의 연료가 변화되어야 한다. LNG를 사용하면서 배출되는 탄소를 포집·저장하여 처리하는 방안이 유력하다. 포집된 탄소를 액화해서 이동시키는 선박이 필요하다. 액화 이산화탄소 운반선의 발주가 늘어나는 이유이다. 수소를 얻는 가장 좋은 방법은 액화 암모니아를 수입해 오는 것이다. 캐나다에 많은 천연가스를 암모니아로 만들고 액화한 다음 운반하여 우리나라로 가져온다. 암모니아에서 질소를 빼게 되면 수소가 남는다. 암모니아 운반선의 건조 주문이 우리 조선소에 쇄도하는 이유다.

해상풍력발전은 또 다른 바다 관련 신산업이다. 부유식은 50㎞ 먼 바다로 나가서 설치되는데 우리나라의 배타적 경제수역 안이다. 설치와 운영에도 큰 부가가치가 창출된다. 우리나라는 육지보다 4.5배나 넓은 바다 영토를 가지고 있다. 우리가 이를 잘 활용하면 지금보다도 더 부강한 나라가 될 수 있다.

태풍이 오면 상선은 항구 내에 정박해 있지 않고 넓은 바다로 나간다. 좁은 항구 내에서는 선박이 좌초하거나 선박끼리 부딪쳐 사고가 나기 때문이다. 넓은 바다에서 파도를 타면서 버티면 안전하게 태풍을 피할 수 있다. 바다로 나가야 살길을 찾을 수 있다.

제 7 장

바다와 예측가능성*

예측이 가능하다면 사람들은 보다 안정적인 삶을 영위할 수 있다. 국민연금에 가입하여 정년퇴직 후 매달 연금을 받는 것도 예측가능성을 확보하는 좋은 예이다. 선박이나 항공기를 이용한 운송수단이 안전하게 도착한다는 예측이 가능하므로 무역이 이루어진다. 예측가능성이 높아질수록 우리의 삶과 경제는 풍요해진다. 예측가능성의 확보는 인류가 추구해온 공통의 가치이기도 하다.

가장 오랜 시간에 걸쳐 큰 인명의 희생을 치르면서 기술혁신을 통해 예측가능성을 달성한 분야가 바로 선박의 항해 분야라고 할 수 있다. 마젤란은 1519년 5척의 배에 237명의 선원으로 세계일주를 위해 항해를 떠났다. 1522년 귀항한 배 한 척에는 21명만이 타고 있었다. 대항해시대에는 안전한 귀항이 예측되지 못했다. 18세기만 해도 10척의 선박이 출항하면 7척만 돌아왔다는 기록이 있다.

대항해시대 초기에는 바위에 부딪혀 선박이 파손되는 좌초 사고

---

* [매경춘추 7]: 매일경제, 2024.8.23.

가 많았다. 위험물이 어디에 있는지 알지 못했기 때문이다. 자신의 위치를 파악하는 항해술이 발달하고 위험지역이 해도에 표시되면서 좌초 사고가 급격히 줄게 되었다. 선체의 구조에서도 변화가 왔다. 나무로 만든 선박은 철판으로 변경되었다. 선박이 암초에 부딪혀도 바로 침몰하지 않게 되었다. 한 곳이 침수되어도 다른 곳은 침수되지 않도록 선박에 구획을 만들어 선박의 부력이 유지되도록 했다. 북극을 항해하는 선박은 얼음을 깨는 쇄빙 기능을 갖게 설계된다. 대항해시대 초기에 선박은 돛을 이용해 항해했다. 바람이 없는 적도의 무풍지대에서는 선박이 움직이지 못했다. 증기선이 나타나 항상 일정한 속도로 항해가 가능하게 되었다. 비로소 선박의 일정을 맞출 수 있는 정시성이라는 예측가능성이 확보되었다. 이어서 프로펠러를 돌려서 추진력을 얻는 방식이 개발되었다. 별에 의존하여 위치를 구하던 방식이 레이더와 인공위성을 이용한 GPS의 발명으로 날씨에 무관하게 위치를 구할 수 있게 되었다. 신선한 야채를 먹지 못해 영양부족으로 선원들이 사망하던 일은 냉동 기술의 발달로 선박에 냉동고가 설치되어 전혀 문제가 없다.

우리는 이제 출항한 선박은 모두 목적지에 안전하게 도착한다는 안전항해에 대한 예측가능성을 확보하게 되었다. 해운과 조선 산업이 선박 안전 분야에서 달성한 예측가능성의 확보는 수천 년간 인류가 달성한 대역사(大役事)이다. 그 기나긴 여정에서 수많은 선원과 여객이 희생되었다. 현재의 안전한 선박의 항해와 이를 기반으로 이루어지는 세계 무역은 바다를 찾아나섰던 수많은 선각자의 희생과 항해 기술의 혁신에 기반하고 있다는 사실을 잊지 말아야 한다. 예측가능성이 훼손되지 않도록 해야 한다. 안전하게 설계되고 운항되는 선박은 결국 선장 이하 선원들이 승선해서 조종해야 하고 육지에서 관련 전문가들이 도와주어야 한다. 젊은이들이 바다로 많이 와야 한다. 선박을 설계하고 건조할 인력이 없고, 선박에 승선하여 운항할 인력이 없다면, 애써 확보한 바다에서의 안전항해에 대한 예측가능성은 훼손된다. 인구가 점차 감소하므로 조선소의 근로자나 선원들을 확보하기가 힘들어지고 있다. 선박의 안전항해 달성이라는 예측가능성을 지켜낼 해상과 육상의 인력 확보가 발등에 떨어진 최대 과제이다.

제 8 장

장보고 후예를 찾아서*

해상법 지키고 저변 확대하는 교두보

코로나19 이후 바다전문가대화 165회 계속
항만 · 물류 · 조선 · 수산 등 해운 연관 연구

우리나라에서 수출입 화물의 99%는 해상으로 운송한다. 연안해운도 국내 교통과 물류에서 중요한 역할을 담당하고 있다. 전체 6편으로 구성된 상법에서 4편 '회사'에 이어 5편에 '해상'을 두고 있는 이유다. 6편은 '항공운송'이다

해상법은 선박운항과 관련한 법률문제를 다룬다. 미국, 일본, 영국은 국제해상물품운송법이라고 불리는 단행법을 갖고 있지만 한국은 상법 제5편 해상에 함께 두고 있다.

한국에서 해상법의 위상은 갈수록 약해지고 있다.

8일 김인현 고려대 명예교수(법학)는 "1970년대까지는 해상법이

* [인터뷰 기사]: 내일신문, 2024.9.9.

법학의 중요한 분야로 여겨졌지만 최근에는 상황이 어려워졌다"며 "현재 서울에서 해상법 강좌가 개설된 법학전문대학원은 고려대가 유일하다"고 말했다.

고려대 해상법연구센터는 이런 흐름 속에서 만들어졌다. 선장 출신인 김 교수가 주도해 2009년 고려대 법학연구원 아래 해상법 연구센터 소장을 맡았다. 연구교수 1명과 연구조교 2명으로 구성돼 있다.

센터는 해상법 논문연구와 소개, 해상법 전문가 강좌를 열고 '동아시아 해상법포럼', '선박건조 · 금융법 정책연구회', '해운조선물류 안정화 포럼' 등의 활동도 전개하고 있다. 지난달 26일에는 남성해운, 제이에코, 유일중공업 등의 후원으로 '해상풍력산업 이해를 위한 워크숍'을 여는 등 새로운 산업동향에 대한 연구도 계속하고 있다.

코로나 대유행이 시작된 2020년에는 온라인을 이용해 '바다, 전문가 대화'를 시작, 7일까지 165강을 이어오고 있다.

◆ 한 · 중 · 일 3국 해상법 동향 공유 = 센터는 지난달 30~31일 이틀에 걸쳐 고려대 CJ법학관에서 제14회 동아시아 해상법 포럼을 개최했다. 참여한 한 · 중 · 일 3국 해상법 학자와 변호사들은 최근 해상법 동향과 디지털 전환, 해운업에서 탈탄소화 흐름과 해상법에 대한 법적 의미 등을 논의했다.

포럼은 고려대와 일본 와세다대, 중국 대련해사대가 2008년부터 시작했다. 이황 고려대 법학전문대학원장 개회사로 시작한 이날 포럼에서 환영사를 한 주주오시안 중국 대련해사대학장, 노태악 대법관, 권성원 한국해법학회장은 모두 "동아시아의 해상운송 비중이 세계무역에서 커지고 있다"며 "동아시아 해상법 포럼은 아시아 국가의 학자들과 변호사들이 연구할 좋은 기회가 된다"고 의미를 부여했다.

첫째 날에는 제임스 후 상해해사대 교수가 중국 해상법의 개정 경과와 전망에 대해 의견을 제시했다. 센터에 따르면 후 교수는 해상물건운송법의 현대화, 선박기인 해양오염에 대한 보상 법체계의 확립, 책임제한 상향에 대한 국제적 동향 및 여객의 사망 또는 상해에 대한 책임제한 도입 등을 소개하면서 개정법안의 필요성을 역설하였다.

슈지 야마구치 변호사(일본)는 동아시아 해상법 포럼의 16년간의 역사를 짚고 일본 해상법 개정 경과를 설명했다.

야마구치 변호사는 전자선하증권을 도입하려는 일본 해상법 개정안은 유엔 국제 무역법 위원회(UNCITRAL)의 전자양도성기록 모델법을 고려한다고 설명했다. 중국과 일본의 해상법 최근 동향은 이날 토론에서도 다뤘다.

중국 해상법 개정안은 특히 '선박의 소유권'에 대해 건조 중인 선박의 소유권은 당사자 계약에 따라 정해진다고 명시했다. 다만, 계약이 없을 때에는 조선소에게 속한다고 분명히 했다.

센터는 중국 해상법 적용범위가 확대되는 경향을 주목했다. 그간 해상법 적용에서 배제됐던 연안운송과 내륙수로운송에까지 해상법을 확대 적용하겠다는 것이다.

홍콩의 법무법인에서 리안준 리 변호사는 홍콩 해운판례법의 최근 동향을 발표하고, 한국의 해상법 판례는 김 교수가 발표했다.

둘째 날에는 디지털 전환, 해운업의 탈탄소화 및 해상법에 대한 법적 함의를 다뤘다.

김 교수는 '무인 선박과 한국 해상법에 대한 법적 시사점'을 주제로 발표하며 자율운항선박의 상용화에 따른 해상법적 시사점을 짚고 개정방안을 제시했다.

이현균 박사는 탈탄소화에 따른 민사법적인 쟁점을 다뤘다. 선박연료유의 공급은 정기용선자가 부담할 사항이고, 기관의 설치는 선박소유자가 부담하는 사항이라고 보았다.

◆ 입법 · 사법 · 행정부와 산 · 학에서 역할 기대 = 센터는 2020년 10월 코로나19 시절에 비대면 온라인으로 시작한 바다 저자 · 전문가와의 대화(바다 공부모임)를 시작했다.

김 교수는 "해운, 조선, 항만 · 물류, 수산 분야에 대해 더 많이 알게되면 바다관련 산업이 더 발달할 것이라고 생각하던 차에 온라인을 활용하면 시간과 공간 제약을 뛰어넘어 더 많은 사람들과 지식과 정보를 나눌 수 있다는 것을 알게 됐다"며 "처음에는 바다 관련 저서를 쓴 20명을 모시고 공부를 시작했는데 초기 30명이던 회원은 현재 980명으로 늘었다"고 말했다.

센터는 바다관련 공부모임을 체계적으로 이어가기 위해 모임을 사단법인화하기로 하고, 7월 25일 관련 총회를 개최했다.

7일 열린 '바다, 저자와의 대화' 제165강은 임도형 아비커스 대표가 자율운항선박에 대해 발표하고, 회원들이 토론하는 식으로 진행됐다. 이날 줌 토론에는 80여 명이 참여했다.

센터를 개설하고 바다공부모임 등으로 해상법 연구영역과 저변을 확대하고 있는 김 교수는 지난 4일 정년퇴임하고 고려대 명예교수로 추대됐다. 이날 퇴임 · 추대식에는 노태악 대법관과 주호영 국회 부의장, 이철규 국회 산업통상자원중소벤처기업위원장, 송명달 해양수산부 차관, 정태순 한국해운협회장, 류동근 한국해양대학교 총장, 이기수 전 고려대 총장, 박인호 신해양강국국민운동본부 공동대표 등이 축하인사를 전하며 김 교수와 고려대 해상법센터의 역할을 치하했다. 김 교수는 해상법연구센터 소장 역할을 계속 이어가기로 했다.

[저자약력]

경북 영해고 졸업
한국해양대학교 항해학과 졸업
고려대학교 법학사 · 법학석사 · 법학박사
University of Texas at Austin(LLM)
싱가포르 국립대학 및 동경대학교 법과대학 방문교수
일본 산코기센(Sanko Line) 항해사 및 선장
김&장 법률사무소 선장(해사자문역), 법무법인 세경 비상임 고문
국립목포해양대, 부산대학교 법과대학 조교수 및 부교수
한국해법학회 회장, 법무부 상법개정위원, 인천항만공사 항만위원,
로테르담 규칙제정 한국대표단, IMO 법률위원회 및 IOPC FUND 한국대표단
해양수산부 제6기 정책자문위원장, SCMA(싱가포르해사중재원) 중재인
대우조선해양(현, 한화오션) 사외이사 겸 감사위원장
(현) 고려대학교 법학전문대학원 명예교수, 동 해상법연구센터 소장
해양수산부 제8기 정책자문위원회 위원장
선박건조 · 금융법연구회 회장, 수산해양레저법정책연구회 회장
대법원 전문심리위원, 대한상사중재원 중재인
중앙해양안전심판원 재결평석위원회 위원장
갑종 선장면허(1급항해사) 보유(2024년까지 유효)

〈저서 및 논문〉

해상법연구(삼우사, 2003), 해상법연구Ⅱ(삼우사, 2008), 해상법연구Ⅲ(법문사, 2015), 해상법(제7판, 법문사, 2023), 해상교통법(제6판, 삼우사, 2020), Transport Law in South Korea(제3판, Kluwer, 2017), 선박충돌법(법문사, 2014), 보험법·해상법(제9판, 박영사, 2015)(공저), 선박건조·금융법연구Ⅰ·Ⅱ(법문사, 2016, 2023)(편집대표), 해상법 중요판례집Ⅰ(법문사, 2018)(편저), 해운산업 깊이읽기Ⅰ·Ⅱ·Ⅲ·Ⅳ(법문사, 2020, 2021, 2022, 2023), 바다, 저자와의 대화Ⅰ·Ⅱ·Ⅲ·Ⅳ(법문사, 2021, 2022, 2023, 2025)(편집대표), 해상보험법(제2판, 법문사, 2021), 해사경쟁법연구Ⅰ(법문사, 2024)

〈수필집〉

바다와 나(종합출판 범우, 2017)
선장교수의 고향사랑(종합출판 범우, 2020)
바다와 배, 그리고 별(법문사, 2024)

선장 김인현 교수의 **해운산업 깊이읽기 V**

2026년 1월 10일 초판 인쇄
2026년 1월 15일 초판 1쇄 발행

저 자 김 인 현

발행인 배 효 선

발행처 도서출판 法 文 社

주 소 10881 경기도 파주시 회동길 37-29
등 록 1957년 12월 12일/제2-76호(윤)
전 화 (031)955-6500~6 FAX (031)955-6525
E-mail (영업) bms@bobmunsa.co.kr
(편집) edit66@bobmunsa.co.kr
홈페이지 http://www.bobmunsa.co.kr
조 판 법 문 사 전 산 실

정가 20,000원 ISBN 978-89-18-91654-5